VIE

SCANDALEUSE, ANECDOTIQUE

ET DÉVOTE

DE

CHARLES X,

DEPUIS

SA NAISSANCE JUSQU'À SON EMBARQUEMENT

À CHERBOURG.

NOUVELLE ÉDITION,

Augmentée de la Protestation du DUC D'ORLÉANS sur la
Naissance du DUC DE BORDEAUX.

Prix : 1 franc.

Paris,

CHEZ LES MARCHANDS DE NOUVEAUTÉS.

○

1830.

AVANT

Libertin

PENDANT

Jésuite

APRÈS

Parjure

VIE

SCANDALEUSE, ANECDOTIQUE ET DÉVOTE

DE

CHARLES X.

●◆◆●

Imprimerie de CARPENTIER-MERICOURT, rue Trainée, près
Saint-Eustache, n° 15.

VIE

SCANDALEUSE, ANECDOTIQUE

ET DÉVOTE

DE

CHARLES X,

DEPUIS

SA NAISSANCE JUSQU'A SON EMBARQUEMENT

A CHERBOURG.

NOUVELLE ÉDITION,

Augmentée de la Protestation du DUC D'ORLÉANS sur la
Naissance du DUC DE BORDEAUX.

Prix : 1 franc.

Paris,

CHEZ LES MARCHANDS DE NOUVEAUTÉS.

1830.

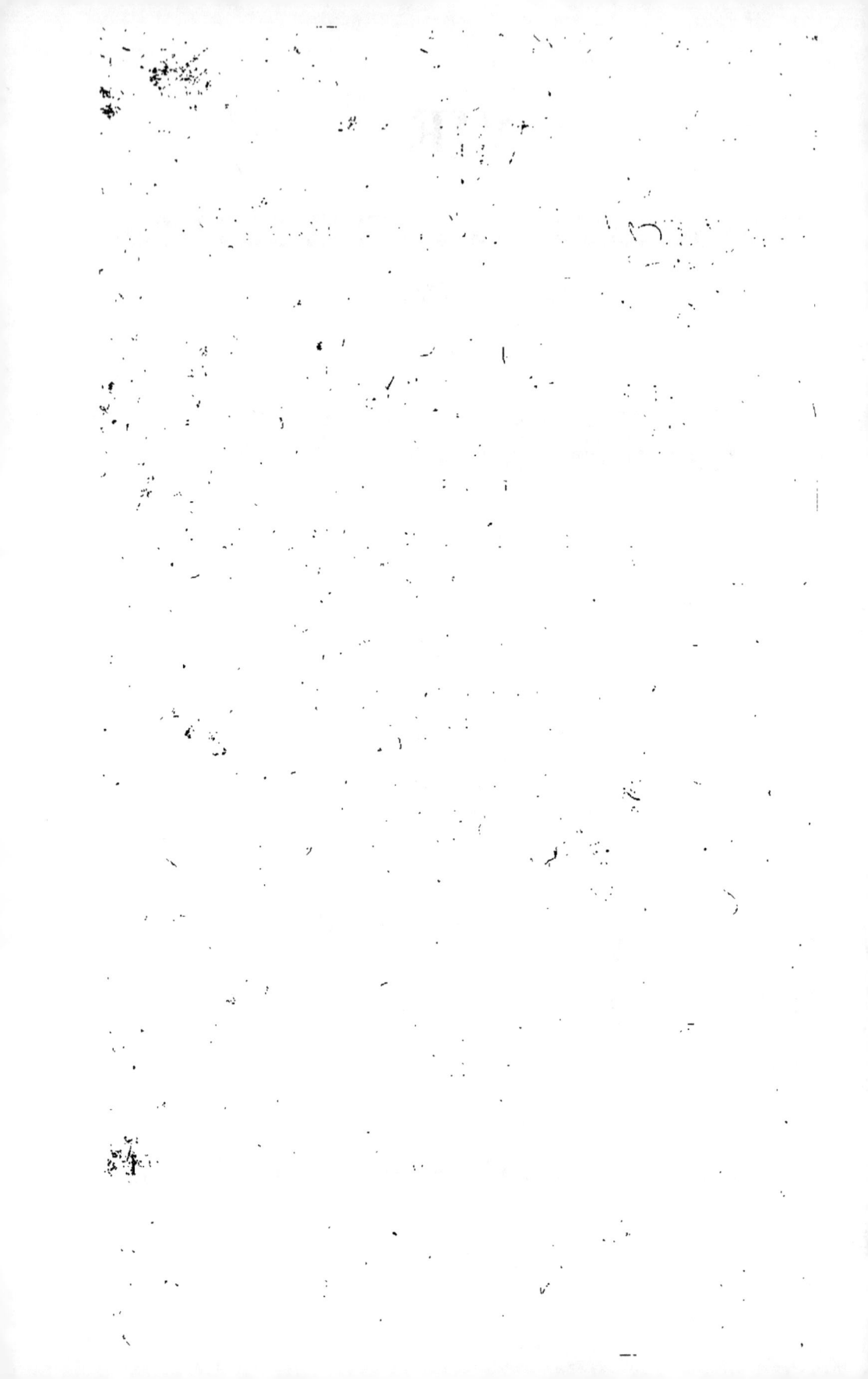

VIE

SCANDALEUSE, ANECDOTIQUE ET DÉVOTE

DE

CHARLES X.

CHAPITRE Ier.

APRÈS quinze années de l'esclavage le plus humiliant, la France en a donc fini

1*

avec cette famille des Bourbons, antipathique à tout ce qui est grand, noble et généreux. Les trois journées de juillet 1830 ont fait pour cette race abâtardie ce que le mois d'août 1572 a fait pour les Valois. Ces deux grands événemens ont vu couler le sang français sous des balles françaises; mais ils ont dumoins arraché le pays au joug le plus honteux:

Exécration éternelle à Charles X, digne continuateur de Charles IX!

Charles Philippe, d'abord comte d'Artois, naquit à Versailles le 9 octobre 1757. Il n'avait que huit ans lorsque la mort lui enleva son père qui avait commencé son éducation comme il avait surveillé celle de Louis XVI et du comte de Provence, depuis Louis XVIII.

Cette perte influa d'une manière bien

malheureuse pour la France sur les des-
tinées de celui qui plus tard devait la
gouverner. Quelques femmes éhontées,
puissantes à la cour, et voyant dans le
jeune prince un héritier des goûts et des
mœurs de son aïeul, employèrent tous
les moyens possibles pour lui faire donner une éducation conforme aux projets
qu'elles avaient sur lui. Elles n'y réus-
sirent que trop : l'évêque de Limoges,
le prêtre Coetlosquet, homme ignorant
et crapuleux, familier des lieux de débauche, fut chargé d'instruire le comte
d'Artois des devoirs de la royauté. Les
dispositions de l'élève secondaient mer-
veilleusement les leçons du maître; aussi,
en peu de temps et bien jeune encore,
le frère de Louis XVI se fit-il remarquer
par ses goûts dépravés et par ce liber-
tinage de mauvaise compagnie dont un

abbé pouvait seul lui donner le goût.

Avec ses sales penchàns et la magie de son nom, le comte d'Artois devint promptement pour les dames de la cour un objet de crainte ou de spéculation. Celles qui méprisaient le plus en lui la lâcheté, l'hypocrisie et l'indiscrétion, le recherchaient à cause de son titre et de sa richesse; ce n'est que comme cela qu'on peut expliquer les quelques bonnes fortunes qui ont inscrit son nom à côté des roués de cette époque.

Quelques flatteurs ont voulu faire du comte d'Artois un joli homme, capable de séduire par les grâces chevaleresques de sa personne encore plus que par l'éclat de sa position. Qu'on en juge d'après le portrait qu'en a laissé un homme de beaucoup d'esprit, admirablement placé pour voir de près tout ce qui composait a cour. « Ce prince serait d'une assez jolie figure, s'il n'avait pas toujours la bouche ouverte, ce qui lui donne un air sot, et qu'il justifie chaque fois qu'il prend la parole. Il est assez bien fait et n'a pas mauvaise grâce; mais il est brusque, dur, ladre; il n'ouvre la bouche devant les femmes que pour leur dire des ordures et les faire rougir, et devant les hommes que pour leur lâcher des platitudes ou des grossièretés. »

On a pu se convaincre depuis de la vérité du portrait.

Ce fut pourtant à ce comte d'Artois que la dauphine eut d'abord l'air de vouloir s'attacher. Déjà depuis long-temps elle se lassait des stériles caresses de son époux; et, par ennui autant que par

goût, elle cherchait de trompeuses dis-
tractions au milieu des dames de la cour.
Elle voulait d'ailleurs devenir grosse;
c'était même le point essentiel des instructions qui lui avaient été données en
partant de Vienne, par l'impératrice sa
mère. Après avoir promis à sa mère d'é-
puiser toutes ses ressources, et ces ressources devenant chaque jour plus fai-
bles et plus inutiles, il fut décidé qu'elle
aurait recours à un amant. Le choix n'é-
tait pas facile; elle voulait un joli homme,
un homme aimable, un amant enfin qui
pût être avoué, et qui eût assez de puissance pour que cette aventure, si elle devenait publique, ne pût la perdre.

N'osant délibérer seule sur un objet de
cette importance, Antoinette envoya un
courrier secret et sûr à Vienne. Voici la
réponse qu'elle reçut :

« Puisque vous avez du goût pour votre sexe, ma chère fille, il faut vous satisfaire, mais y mettre de la constance, de la modération et de la retenue : la première de ces vertus conserve la réputation, et les autres la santé ; car rien ne fatigue et d'aussi bonne heure qu'un tel goût. Votre mari, dites-vous, ne peut et ne pourra jamais vous faire d'enfans ; ce mal est grand, sans doute : une reine stérile est sans considération comme sans appui ; mais ce mal n'est pas sans remède. Il faut donc faire comme moi, prendre un faiseur. Choisissez-le comme j'avais choisi le prince Charles, grand, beau, jeune, et surtout vigoureux. Prenez-le dans les hommes de la cour les plus proches de vous : cet événement ne pourrait, quoi qu'il en arrivât, les compromettre. Ce sera un appui de plus

pour vous, et, en cela, vous serez plu
heureuse que je ne l'ai été. Tout l'uni
vers a connu ma galanterie, on peu
ignorer la vôtre : mais, je vous le répète
ménagez-vous. »

A la discrétion et à la constance près
le conseil fut scrupuleusement suivi : l
duchesse de Péquigni, la duchesse d
St-Mégrin et la duchesse de Cossé furen
à tour de rôle honorées de la confiance
et de l'intimité de Marie Antoinette. L
comte d'Artois succéda à ces dames.

Avant de donner à son frère cett
coiffure incommode contre laquelle l
garde qui veille aux barrières du Louvr
ne défend pas les rois, Charles-Philipp
avait déjà eu une foule d'intrigues de ba
étage dont il partageait le monopole ave
ses laquais. Sa première maîtresse étai
une nommée Flore, qui trafiquait de se

appas chez la Gourdan, rue des Deux-Portes Saint-Sauveur. Cette fille, qui se trouvait fort honorée de faire l'éducation d'un prince du sang, lui témoignait la plus vive tendresse. Elle contracta même des dettes considérables pour meubler, dans un beau quartier, un appartement digne de le recevoir.

En quittant la Gourdan, Flore ne mit point son amant à contribution, espérant ainsi se l'attacher davantage et piquer sa générosité; mais elle ne tarda pas à s'apercevoir qu'elle avait affaire à un homme aussi avare dans ses dons que crapuleux dans ses plaisirs, et elle rompit ouvertement avec lui en le laissant couvert de honte.

Charles, furieux d'être traité sans ménagement par une fille de cette espèce, résolut de se venger. Après avoir été long-temps indécis sur la manière dont il devait s'y prendre pour témoigner noblement son ressentiment, il ne trouva rien de mieux que de faire jeter par les fenêtres la pauvre enfant, qui avait eu la sottise de se ruiner pour lui. Ce projet, qu'il communiqua aux mauvais sujets qui formaient sa société ordinaire, fut trouvé charmant, et digne en tout d'un prince du sang.

Le comte de Lauzun donne tous les détails de cette aventure dans une lettre que nous allons transcrire en entier ; elle est adressée au prince Louis-Joseph de Conti, l'un des plus dignes émules du comte d'Artois.

MONSEIGNEUR,

« La ville compte un héros de plus ! Il

est un nom que l'on peut associer dès cet instant à ceux que la galanterie a le plus illustrés. Devinez-vous qui? N'allez pas croire pourtant que votre très-cher cousin Charles-Philippe se soit amendé et devienne en grandissant un nouvel Amadis ou un second Louis XIV. Il est pour quelque chose dans la farce; mais il en est le dindon; et le héros, je me trompe, l'héroïne, car il s'agit d'une femme, c'est...... je vous le donne à deviner en mille et vous allez finir par jeter votre langue aux chiens.

» Or, pour vous tirer d'embarras, les grisettes de Verdun ne vous ont-elles pas fait entièrement oublier le temple dressé à Vénus dans la rue que les exploits du guet immortaliseront sans doute, celle des Deux-Portes-Saint-Sauveur. Je suis sûr que vous n'avez pas oublié cette lubrique

communauté, ni ses nymphes, ni sa vaste
et robuste prêtresse. Vous avez nommé
la Gourdan, et votre mémoire non moins
fidèle a rappelé les minois piquans de la
brune Julie et d'Élisa aux yeux noirs.
Je ne sais toutefois ce qui en est ; mais
ses yeux se ternissent, sa peau autrefois
si lisse, si soyeuse, se resserre, se gerce
Vous lui trouviez des appas, monseigneur ; à votre retour prenez garde de
nous compromettre.

» Pour le moment, voyez-vous au milieu
de ces beautés, une grosse blonde au
teint animé, à l'embonpoint assez remarquable, sans grâces et sans esprit, mais
à l'œil lascif et hardi ? Que dites-vous
de cette physionomie sans sourire, mais
toujours prête à recevoir sans émoi un
baiser sur des joues rebondies et des
lèvres immobiles ? C'est là la déesse qui a

fixé les yeux du comte d'Artois, et ce fils
de France, persuadé qu'il lui fallait une
maîtresse en titre, a fait à la grosse Flore
la galante proposition de la tirer de chez
la Gourdan pour l'établir. Il était tellement enchanté de ses qualités, qu'il ne
désespérait pas de la faire accueillir à la
cour et d'élever au titre de duchesse ou
de marquise sa pauvre Lavallière, habi-
tuée jusque-là aux caresses un peu bour-
geoises des boutiquiers, et trop heureuse
de rencontrer parfois au milieu de ses
chalands la délicatesse et la galanterie
d'un étudiant ou d'un jeune clerc.

» La voyez-vous, monseigneur, grande
dame, avec une livrée, une voiture,
dans un riche appartement, avec une
bonne cave ? Que n'étiez-vous là pour lui
voir faire les honneurs de son opulence,
comme si elle eût fait encore ceux de sa

personne ! C'était à mourir de rire, et le comte d'Artois y était enchanté, émerveillé, nous remerciant de ce que nous voulions bien venir chez sa maîtresse. Sa pauvre Flore y mettait plus de bonhomie; et je crois qu'elle nous eût volontiers traités comme autrefois chez la Gourdan. Cela devait finir là.

» Votre cher cousin est aussi avare de son argent que prodigue de son amour. Il donnait fort peu à sa nymphe; elle avait crédit parce qu'on le voyait venir chez elle, et qu'on le sait fils de bonne maison; mais Charles ne s'avise-t-il pas de mettre au jour son avarice? ne veut-il pas que Flore acquitte presque seule ses immenses dettes? Efforts de l'amour, tendres supplications, caresses, jouissances, tout fut inutile. Le comte était enchanté de sa maîtresse; il en devenait deux fois plus amoureux, mais il n'en était pas moins avare. Il lui savait gré de le préparer à l'ivresse des sens par celle du Champagne et du Bourgogne; mais il ne pouvait ou ne voulait payer ni le lit, ni les verres. Que fait notre héroïne? Désespérée, irritée, indignée, elle rappelle ses tant belles journées d'autrefois; chalands sont convoqués, Priape remplace Vénus, et Flore parvient à payer les créances si mal hypothéquées sur l'amour du prince. Oh ! alors sa maison devient délicieuse : traitans, abbés, étudians, gens de robe, gens d'épée, boutiquiers venaient fêter ses saturnales auxquelles elle invitait d'anciennes compagnes. Le jeu couronnait l'œuvre, et le fils du roi se plaignait, se dépitait, pleurait, était jaloux, puis revenait quelquefois succéder à ces galans de tout étage.

» Reste à vous raconter maintenant le plus beau de l'aventure.

» Charles était jaloux. Il se croyait personnellement offensé par les désordres de sa trop tendre Flore ; il résolut de s'en venger. Le pauvre garçon voulut m'associer à son noble projet. Je le trouvais un peu trop leste, et puis le roi, s'il eût été moins bonhomme, aurait pu le juger trop indigne d'un fils de France. C'était ce que je craignais ; mais j'offris au comte de le faire accompagner de mon cocher, de mon piqueur et de quelques-uns de mes gens. Il accepta, et le voilà parti à la tête d'une armée où figurait un J... J..., un Blacas et quelques autres grands noms. Tous ces messieurs étaient déguisés ; et il y en avait vraiment parmi eux à qui la blouse allait fort bien. Mais où vont-ils avec ces bâtons, ces épées, deux ou trois

avec des verges et un fouet de postillon ?
Quel nouvel exploit appelle les fils de
tant de preux ?

» Flore la blonde ne se doutait guère
du tour qu'ils lui préparaient. Elle, avait
ce jour-là vingt convives à souper. Elles
n'étaient que cinq femmes; mais il y avait
du vin, des dés et des cartes. Il est donc
probable que chacun eût perdu paisible-
ment sa bourse au jeu qu'il aurait choisi.
On était à table, lorsqu'un domestique
vient annoncer à la prêtresse que monseigneur le comte d'Artois la demande.
Jugez comme fut accueilli le nom d'un
fils de France en pareille assemblée. Pour
moi je n'en sais rien, mais à en juger par
la suite il ne dut pas être salué par des
vivat.

» La belle sort et va droit au prince qu'on
ne lui avait pas dit être si bien accom-

pagné. Ses premières paroles sont pour
lui signifier qu'elle est libre chez elle, et
le prier de se retirer. A quoi votre cousin
répond par la jésuitique grimace que vous
lui connaissez, et en signifiant à la belle
qu'il est venu pour lui enjoindre qu'elle ait
à se soumettre à ses caprices, à renvoyer
son monde ou à sauter par la fenêtre.
C'était un peu leste. La nymphe devint
une amazone, une demi-Jeanne-d'Arc,
et se moqua du monseigneur qu'elle ap-
pela un crasseux, un sot, un lâche.
Charles écumait, ses laquais étaient là;
ils s'emparent de Flore, ils la fouettent,
la maltraitent, et veulent, suivant la parole de leur maître, la jeter du deuxième
étage sur le pavé. J'aurais chassé mon
laquais s'il eût pris part à une action aussi
lâche, et je dois aux seigneurs qui s'y
étaient laissés entraîner la justice de

dire qu'ils en murmuraient et pensaient à se retirer.

» Mais les cris de Flore avaient éveillé l'attention des convives; ils sortirent en masse de la salle à manger, un coup-d'œil les mit au fait, et soudain il s'armèrent et frappèrent. Il fallut se défendre; il y eut du sang répandu dans les antichambres et sur les escaliers. On se sauvait comme on pouvait. Le prince, qui s'était caché pour échapper aux coups, se trouva abandonné des siens qui se retirèrent en se défendant, et fut comme enfermé; on le surprit ainsi, et on voulut se venger sur lui au risque d'encourir la colère de la cour. Alors il se jeta à genoux, supplia, embrassa les genoux de Flore qui pleurait de rage et de frayeur. Ah ! monseigneur, quelle scène ! un des assistans, homme d'esprit, fut le premier à

en rire, les autres l'imitèrent; et pour
que l'affaire tournât réellement en plai-
santerie, on résolut de faire coucher en
prison le fils du roi. Il y alla, et y passa
toute la nuit à réciter des prières et à demander au ciel et aux saints pardon des
coups de bâton qu'il avait reçus.

» Votre cousin n'était-il pas assez puni
comme cela ? je l'aurais cru, moi qui ai
foi en l'indulgence du grand régulateur
des destins, comme dit notre compagnon
de débauches le *philosophe.* Eh bien ! pas
du tout. Avant que M. de Sartines eût
envoyé l'ordre de le relâcher, le comte
d'Artois commença à ressentir les premières atteintes d'un mal qu'il tenait sans
doute de l'un des nombreux amans de
Flore, mal qui répand la terreur, mal
napolitain, rhume ecclésiastique, vous
comprenez? Il m'a fait l'honneur de me

consulter le premier sur semblable ma-
tière ; il est réellement très-mal nanti et
il en a pour quelque temps à pleurer ses
péchés, suivant l'expression du poète.

» Adieu, monseigneur, conservez-moi
votre amitié, et revenez, je vous en prie,
ne fût-ce que pour consoler et prêcher
un peu votre pauvre cousin. Qu'il ait au
moins l'esprit de la débauche ! Que diable;
nous autres gens de qualité, devons-nous
nous y livrer comme des goujats ? Nous
n'avons presque jamais que cela à faire,
et Piron dit que bientôt nous n'aurons plus
que ce moyen-là de nous distinguer de la
canaille. Que deviendrons-nous si un fils
de France compromet l'honneur du
corps. »

CHAPITRE II.

Nouvelles débauches de Charles. — Rhume ecclésiastique. — Projet de mariage. — Union de
Charles et de Marie-Thérèse. — Naissance du duc
d'Angoulême. — Mlle Contat. — MM. de Parny
et Girardin. — La mère PARRAIN. — Avarice
du comte d'Artois. — Mlle Lange et Mlle Duthé.
— Le biscuit de Savoie, l'indigestion et le thé. —
Duel.— La lettre de cachet. — M. de Sartines.
Vengeance d'un prince.

L'AVENTURE qui termine le chapitre pré-
cédent avait fait un tel éclat, qu'il y avait
lieu d'espérer qu'elle corrigerait Charles
de ses goûts de palefrenier ; mais loin de
devenir plus sage , il se livra avec plus
d'ardeur à la débauche, et ne tarda pas à

être atteint une seconde fois de cette maladie cruelle dont les ravages sur l'espèce humaine étaient si effrayans.

C'est à cette époque qu'il fut question de le marier. Sur les propositions qu'on lui fit à cet égard, il se déclara pour mademoiselle de Condé, à laquelle il témoignait depuis long-temps beaucoup d'égards, d'attachement et même de passion. Mais le ministre de la guerre Choiseul, ayant prétendu que des raisons de politique exigeaient que Charles-Philippe épousât une princesse étrangère, Louis XV, qui avait d'abord approuvé le premier choix du prince, adopta l'avis du ministre; il fit demander à la cour de Sardaigne la princesse Marie-Thérèse de Savoie, qui était dans sa dix-septième année. Après les négociations ordinaires, le mariage fut arrêté.

Louis XV, auquel une fâcheuse expérience avait appris combien les jouissances déréglées sont meurtrières, et qui, sans être plus sage lui-même, avait toujours blâmé l'inconduite du comte d'Artois, lui recommanda de veiller sur sa santé, afin de ne point communiquer à l'épouse qui lui était destinée la contagion funeste dont il paraissait atteint. Charles, cette fois, fut docile; il se mit entre les mains des médecins du roi son père. Marie-Thérèse arriva de Turin, et reçut, le 16 novembre 1770, la main de Charles-Philippe, auquel elle regretta long-temps de s'être unie.

On avait tout lieu d'espérer que, au moins dans les premières années de son mariage, d'Artois serait moins dissipé, et qu'il témoignerait à sa femme les égards qu'elle avait le droit d'attendre de lui. Il ne changea rien à sa vie, et continua de se livrer aux excès les plus scandaleux. Chaque jour il faisait, avec une troupe de débauchés, les orgies les plus dégoûtantes, et revenait ensuite près de sa femme qui, aimante et sensible, se contentait de lui faire les plus tendres reproches et de le rappeler à lui-même, en lui donnant sans cesse des preuves de l'amour le plus sincère et de la fidélité la plus constante.

Il y avait vingt-un mois qu'il était marié, causant des chagrins de toute espèce à sa femme, qui les souffrait sans se plaindre, lorsqu'elle mit au monde un fils. On le nomma Louis-Antoine, et on le qualifia duc d'Angoulême. Cet événement ne put faire cesser les débordemens de Charles; appelé par la nature aux devoirs les plus sacrés, il ne rougit pas d'avoir oublié si long-temps son origine et l'étendue de ses obligations; il continua de vivre comme par le passé.

Les jouissances du mariage deviennent promptement insipides à une âme usée. et incapable de sentir le prix de la vertu. D'Artois trouvait déjà des dégoûts insurmontables dans une union qui eût assuré le bonheur d'un honnête homme. Contat, actrice des Français, qui certes ne l'aimait pas, mais qui feignait d'être éprise pour lui de la plus vive passion!, reçut bientôt ses assiduités, et devint sa maîtresse en titre. Afin de parvenir à vaincre son avarice sordide et à tirer de lui quelques gratifications elle l'enivrait, se prêtait à ses goûts dépravés, s'abandonnait aux dissolutions les plus viles. Ce fut ainsi qu'elle réussit à lui faire contracter des dettes énormes, qu'il espérait ne jamais acquitter, selon la louable coutume des grands de cette époque, qui faisaient jeter par les fenêtres les créanciers assez hardis pour réclamer ce qui ce qui leur était dû.

C'est encore le comte de Lauzun qui va nous donner les détails de cette liaison.

« J'ai vu à Rouen mademoiselle Contat, actrice encore inimitable, mais qui le cède sous certains rapports à notre Mars, comme celle-ci laisse à regretter en d'autres points plus importans, aux yeux de ceux qui ont connu sa devancière. Vieil amateur de comédie, ancien habitué du Théâtre-Français, pendant tout le temps que les travaux de plusieurs assemblées législatives m'avaient retenu à Paris, je cherchai à faire la connaissance de notre Thalie encore fort

belle. J'en fus reçu à merveille, et à un
second voyage qu'elle fit dans la capitale
de la Normandie, j'étais presque dans
son intimité. Cette fois mademoiselle
Contat avait avec elle ses enfans. Elle
les faisait amener près d'elle fort souvent,
causait avec eux, et mêlait ainsi les soins
d'une institutrice à ceux d'une mère.
Cette scène de famille fort touchante, et
bien faite pour effacer des erreurs de
conduite où le cœur avait souvent été
pour quelque chose, offrait encore une
circonstance singulière. Mademoiselle
Contat donnait à chacun de ses enfans
le nom de famille de leur père, du moins
en ma présence. Ainsi, l'un s'appelait
Parny, l'autre Girardin, etc. Une fille
seulement n'était jamais désignée que
sous un nom de baptême. Cette circonstance eût pu faire croire à l'incertitude de

sa mère. J'en fis l'observation. « Je
pourrais maintenant, me dit-elle, faire
cesser d'un mot cette malicieuse remar-
que ; mais il fut un temps où le père de
mon.... ne m'aurait pas permis de lui
donner un autre nom. Aujourd'hui je
rirais de sa colère ; mais il était si sot, si
bête, si insupportable, que c'est le seul
de mes amis dont je ne me soucie guère
d'éterniser le souvenir. Je suis fâchée de
le dire, surtout parce qu'il est à présent
malheureux ; mais c'est cependant la
pure vérité. » Je fis de nouvelles questions. « Connaissez, puisque vous le
voulez, ce chevalier discourtois : c'est le
ci-devant comte d'Artois.—Diable, madame, le fils d'un roi !— Sans doute,
monsieur ; ni ma fille ni moi n'en som-
mes plus fières. Mais je vous assure, pour
ma part, que le comte d'Artois m'a

puissance, de la petite vanité qui m'a-
vait un instant flattée en le voyant attaché à mon char. D'abord c'était bien
l'hommage le plus prostitué qu'il fût
possible de voir à la cour, et puis c'était
une bêtise, des manières, une avarice!
En vérité, je crois que notre gros et bon
Louis XVI était plus galant. » Quoique
le comte d'Artois, fût à cette époque
(celle du consulat) décoré du titre de
Monsieur et héritier présomptif du trône
d'Hartwell, qu'il peut aujourd'hui céder
sans trop de générosité à son prétendu
petit-fils, c'était un personnage mort
pour l'opinion publique, et surtout pour
la génération actuelle. Les gens du temps
passé s'en occupaient encore quelquefois.
J'étais de ce nombre : aussi j'eus avec
Émilie Contat quelques conversations à
ce sujet.

Ce fut quelque temps après son mariage

que le prince, s'attacha au char de cette célèbre comédienne. Ce n'était pourtant pas la première infidélité qu'il faisait à la couche nuptiale de Marie-Thérèse de Savoie. Ses habitudes étaient bien connues, et quoique souvent réprimandé, même par Louis XV, il n'en était pas plus sage. Il y aurait quelque chose de hideux à le suivre dans ses passions presque ordurières. Voyons-le plutôt aux genoux d'une reine de coulisses. Mademoiselle Contat fut pendant un an sa maîtresse en titre. Elle était parvenue à exciter sa générosité et à tirer de lui quelques bijoux, quelques meubles, mais peu d'argent. Comme tant d'autres, la puissante Émilie savait calculer, et ce n'était pas seulement par amour qu'elle s'était attachée au fils de France. Elle devint grosse, et pensa que

cette circonstance pourrait le faire sortir
de ses habitudes. Mais à la tendre am-
bassade qui lui demandait des secours
au nom de l'amour et de la paternité, il
répondit en envoyant une somme si
mince, si mince, que l'actrice indignée
la lui renvoya avec mépris, ne le revit
plus et lui refusa même, comme on l'a
vu, le droit de laisser à sa fille ou son
nom ou rien qui pût le rappeler à son
souvenir.

A mademoiselle Contat succéda la
Duthé, actrice de l'Opéra, qui sortait, à
cette époque, des bras d'un Anglais appelé d'Aigremont. Grande et belle statue,
physionomie moutonnière, elle se montra fort arrogante de compter le frère du
roi au nombre de ses adorateurs. On disait alors que le comte d'Artois avait eu
une indigestion de *gâteau de Savoie* (Ma-

rie-Thérèse de Savoie sa femme), et qu'il avait été par suite obligé de venir à Paris prendre *du thé*. Ce bon mot fit fortune et courut toutes les ruelles. L'actrice fut enchantée de cette publicité, et elle se crut obligée d'étaler à cette occasion un luxe insolent. Elle était entretenue par un financier, espèce de turcaret aussi riche que débauché; elle eut soin de le tenir dans l'ombre, et l'on crut que ses richesses, ses bijoux, ses parures lui venaient du comte d'Artois. C'est ce qu'elle voulait; le prince y donnait volontiers la main. Il eut la sottise de consentir à passer pour être aussi prodigue des deniers publics, et le peuple prit un jour la liberté grande de lui en dire son avis. C'était aux fêtes de Longchamps. La Duthé osa y paraître dans un carrosse à huit chevaux et couvert de dorures.

4

Elle fut huée, sifflée; et on l'empêcha de se mettre en ligne. Pour comble de malheur son royal amant l'abandonna aussitôt après cette esclandre que sa sottise lui avait attirée.

Mlle Contat me parla aussi de Mlle Lange, sa camarade, autre maîtresse du prince. Celle-là avait de la vertu ou pour mieux dire savait la feindre, et le força ainsi à payer ce qu'il aimait tant à se faire donner; mais elle finit par l'abandonner et le fuir comme toutes les autres. Il eut pour successeur un jeune noble de province. « Aimable jeune homme, me disait Émilie avec une sensibilité charmante; plein d'esprit et de délicatesse, il méritait mieux qu'une courtisanne. C'était un de ces nobles éclairés qui déjà semblaient préparés à accueillir et à seconder la révolution. Il fréquentait les gens de lettres,

venait au théâtre en homme de goût et
en admirateur de nos chefs-d'œuvre. Je
ne me rappelle pas son nom, mais je sais
qu'il était du Languedoc. Lange était
vraiment charmante, et avait de plus un
certain air de candeur et d'innocence fait
pour enchanter une âme neuve et ar-
dente. Cet amant si aimable était riche
et généreux. Elle l'accueillit. Le comte
d'Artois le trouva un jour chez elle et fit
le jaloux; il s'emporta, mais non pas
contre le rival, dont l'air martial et décidé l'intimidait. Sa colère éclata contre
Lange. Elle répondit par des reproches,
le prince la frappa. Son amant s'élança à
lui, le repoussa avec force, et déclara qu'il
vengerait à l'instant l'outrage lâchement
commis envers une femme, si le comte
d'Artois ne jurait de lui en rendre raison
le lendemain, indépendamment de son

rang et comme il convient à un gentil-homme. Charles était tremblant : son adversaire avait levé une canne, dédaignant de se servir de l'épée qu'il portait. Le pauvre garçon allait recevoir devant une femme une correction humiliante et cela d'un homme dont il ne pourrait se venger, puisqu'il ne le connaissait pas. Il préféra accepter le rendez-vous du lendemain, promit d'être de bonne heure au bois de Vincennes et se retira après avoir engagé sa parole.

Lange exhorte en vain le bouillant jeune homme à se calmer, à faire des excuses, à assoupir cette affaire. Il y avait des idées d'indépendance et d'égalité dans la tête du Languedocien ; il ne voulut rien écouter. Il fut exact à se rendre sur le terrain du combat ; mais au lieu de son adversaire, il y trouva, avec une lettre de cachet, M. de Sartines et cinq de ses émissaires : le ministre s'était chargé lui-même de la commission, par dévouement, et pour être plus sûr d'éviter le scandale. Il faillit payer cher un aussi beau zèle. Le jeune homme se défendit et blessa mortellement deux de ses lâches agresseurs ; mais il fut désarmé, puis... Où a-t-il fini ses jours ? Tous les cachots ont été ouverts dans les prisons d'état, et cependant je suis assurée qu'il n'a pas revu le soleil de la liberté. C'est ainsi que se vengea une fois le père de ma fille ! »

CHAPITRE III.

DANS le même temps, la comtesse
d'Artois accoucha d'une fille qui fut appelée *Mademoiselle*. Charles, effrayé des
conséquences de sa conduite et des dan-
gers qu'elle lui avait fait courir, parut un

instant revenu de ses erreurs. Le roi le complimenta sur son changement de vie, et crut qu'il avait pour toujours renoncé à ses débauches. Il se trompait : indépendamment de la crainte qui retenait d'Artois, l'abus des plaisirs l'avait réduit à un tel état d'épuisement, que ses forces physiques étaient anéanties. Cette sagesse involontaire dura plus d'un an ; c'est à cette époque qu'il devint père d'un fils qui fut appelé Charles-Ferdinand, et qualifié duc de *Berry*.

Alors la célebre demoiselle Montansier, directrice du spectacle de Versailles, où elle avait fait plus d'un million de dettes, était sur le point de faire banqueroute. La reine qui l'aimait et qui l'avait fait quelquefois confidente de ses plaisirs, paya les créanciers ; et comme Marie-Antoinette commençait alors à s'entendre avec le comte d'Artois, ce fut chez la Montansier qu'eurent lieu les premiers tête-à-têtes. Charles, que la reine avait toujours cru incapable de réfléchir, craignit pourtant, dans le commencement, une intimité dont le résultat pouvait être de lui donner un maître ; mais le goût bouillant de sa belle-sœur pour le plaisir, et l'adresse peu commune avec laquelle elle attachait à son char tous les hommes qui lui inspiraient des désirs, parvinrent bientôt à faire oublier à Charles les prudentes réflexions qui l'avaient d'abord retenu. Les parties-fines à Trianon et chez la Montansier se multipliaient. Ces nouvelles amours furent bientôt connues de tout le monde ; le roi seul ignorait ce qui se passait ; et bien qu'on eût essayé de lui ouvrir les yeux sur les désordres de sa femme, il refusait d'y croire. Une circonstance se présenta qui ne lui permit plus de douter de son malheur.

Une nuit, ne pouvant dormir et l'esprit occupé des propos que faisait naître la conduite plus que légère de Marie-Antoinette, il se leva et se dirigea vers la chambre de son épouse. Il avait l'intention de lui faire quelques tendres reproches ; il lui était venu à l'esprit qu'elle les écouterait plus volontiers s'il parvenait à lui prouver que le temps perdu pouvait se réparer, et qu'à la tendresse d'un mari il n'était pas tout-à-fait incapable de joindre la vigueur d'un amant. Il arrive, enveloppé d'une robe de chambre, à la porte de la reine ; une femme de service l'arrête.

« Sire, votre majesté ne peut entrer.

— Pourquoi ? La reine est-elle indisposée?..... Ce serait une raison de plus pour que je me rendisse près d'elle.

—Ce n'est pas précisément cela, Sire; mais...., sa majesté a défendu.... Sa majesté n'a pas dormi la nuit dernière, et...

— Eh bien ! elle dort maintenant, n'est-ce pas ?..... C'est bien; j'entrerai avec précaution, et j'attendrai à son chevet l'instant de son réveil. »

Cette instance déconcerte la femme de service ; elle se trouble; le roi s'en aperçoit, et mille soupçons s'éveillent dans son esprit.

« Je vous ordonne de m'ouvrir cette porte, s'écrie-t-il, je veux voir la reine à l'instant même.

— Eh bien ! Sire, puisqu'il faut vous le dire, cela est impossible, la reine est absente. »

Ces paroles firent sur Louis l'effet d'un

coup de foudre; il garda le silence pendant quelques instans, se frappa le front;
et après quelques minutes de recueille-
ment, il dit :

« S'il est vrai que la reine ne soit pas
chez elle, je puis y entrer sans inconvé-
nient; ouvrez la porte. »

Et la porte s'étant ouverte, Louis put
se convaincre que la femme de service
avait dit vrai. Il sortit presque aussitôt,
retourna dans son appartement, et se fit
habiller; puis sous prétexte de prendre
l'air, il sortit en défendant qu'on le sui-
vît. Son projet était de prendre les mesures nécessaires pour savoir si la reine
était réellement hors du château. Il visita
donc tous les postes et donna des ordres
pour que les grilles ne fussent ouvertes à
personne, pas même aux membres de sa
famille.

Pendant que cela se passait, Antoinette et d'Artois étaient à Trianon, là ils savouraient les délices d'un tête-à-tête. La nuit parut courte aux deux amans qui arrivèrent pourtant au château un peu avant le point du jour.

D'Artois ordonne au factionnaire d'ouvrir la grille.

— Cela m'est défendu, répond le soldat.

— Ouvre à l'instant, coquin, ou je te fais pendre.

— Je ne sais pas si je serai pendu, mais je sais bien que je n'ouvrirai pas.

— Tu ne me connais donc pas, misérable ? Je suis le comte d'Artois, et j'accompagne la reine... Entends-tu, c'est le comte d'Artois qui t'ordonne.....

— J'en suis fâché, monseigneur ; mais c'est le roi lui-même qui nous a donné la consigne. »

Charles est furieux; il jure, il crie, il tempête, met l'épée à la main et s'avance sur la sentinelle qui, sans s'effrayer, croise la baïonnette et crie *aux armes!*

« Vous allez me perdre, dit la reine à voix basse; retirons - nous promptement. »

— Ils partirent et se réfugièrent chez la Montansier. De là, par une galerie de communication qui existait entre le théâtre et le château, ils parvinrent à rentrer dans leurs appartemens. Dès le matin, Antoinette se plaignit au roi, et lui demanda que le soldat qui l'avait insultée fût puni sévèrement.

« Cet homme n'a fait qu'obéir à mes ordres, répondit Louis. Me direz-vous, madame, d'où vous veniez à pareille heure?

— Sire, vous savez combien l'exercice est nécessaire à ma santé..... Je souffrais cette nuit; j'ai voulu sortir. Le comte d'Artois m'accompagnait.....

— Oui, oui, je le sais; il vous accompagne souvent,..... beaucoup trop souvent; mais j'y mettrai ordre. »

Quelques instans après, Louis fit appeler son frère, et lui reprocha une conduite qui donnait lieu aux sarcasmes les plus injurieux et aux épigrammes les plus piquantes. D'Artois voulut se justifier : le roi lui imposa silence et lui ordonna de se retirer.

— Charles, ainsi qu'on l'a déjà vu, était grossier, brutal, lâche et sot : il ne tarda pas à donner de nouvelles de preuves toutes ces belles qualités. Se trouvant au bal de l'Opéra, où il cherchait une fille à laquelle il avait donné rendez-vous, il est accosté par une femme qui lui dit en lui prenant le bras : « Où courez-vous, beau masque ? je serais bien aise de causer un instant avec vous ? »

— Quelle est cette catin ?... Je vais où il me plaît, répond Charles. »

Et d'une main arrachant le masque de son gentil interlocuteur, de l'autre il lui applique un vigoureux soufflet. La jeune femme pousse de grands cris ; on s'empresse autour d'elle ; la foule empêche Charles de s'échapper ; il regarde alors la femme qu'il vient de frapper, et reconnaît la duchesse de Bourbon. Le scandale fut grand ; d'Artois essaya de balbutier quelques excuses ; mais la duchesse refusa de l'entendre et se fit porter dans sa voiture.

Cette aventure fut bientôt connue de toute la cour. Condé exigea que

son fils demandât satisfaction de cet
affront. Le duc de Bourbon vint en effet
trouver d'Artois, qui mourait de peur,
et qui intriguait depuis vingt-quatre heures pour qu'on lui défendît de se mesurer
avec lui. Il n'y put parvenir; le roi lui-
même n'était pas fâché que son frère,
dont il avait tant à se plaindre, reçût une
leçon qui le fît changer de conduite. Il
fallut se battre; les deux adversaires se
rendirent au bois de Boulogne. En mettant
pied à terre, le comte d'Artois était pâle et
défait; un tremblement continuel agitait
tout son corps; à peine eut-il la force de
tirer son épée hors du fourreau. On se
mit en garde : en ce moment, l'épée de
Charles faillit tomber de sa main. Le duc
de Bourbon en eut pitié; il aurait pu le
tuer, il se contenta de lui faire au bras

une légère égratignure. Charles se crut mort, et se laissa tomber : il fallut le porter jusqu'à sa voiture.

Le public, qui n'ignorait aucun détail de cette aventure, se déclara contre le comte d'Artois ; et comme la reine avait pris parti pour lui, elle eut part à cette espèce de disgrâce. En entrant dans sa loge à l'Opéra, elle entendit pour la première fois des murmures.

Malgré la réputation détestable dont il était précédé auprès des femmes, le comte d'Artois rencontrait peu de cruelles. Cette facilité de conquêtes, sur laquelle il se faisait illusion, avait tellement enflé sa vanité naturelle, qu'il croyait n'avoir qu'à se montrer pour être adoré. Il reçut un jour une leçon qui dut le convaincre qu'il ne suffit pas d'être prince royal pour régner sur un cœur féminin, et que des hommages plus humbles sont souvent reçus avec plus de plaisir et d'empressement.

Une dame anglaise, aussi libre dans sa conduite que le wigh le plus indépendant le fut jamais dans ses opinions, lady Barrimore, se trouvait alors à la cour de France et aimait à s'y voir entourée des hommages de nombreux soupirans. Dans la foule était l'aimable et spirituel comte de Lauzun ; il prétendit un instant à posséder seul ce trésor de beauté et d'amour. La vertu de la dame s'en accommodait mal, et entre autres rivaux qu'elle eut bientôt donnés à Lauzun, elle admit à cet heureux titre le comte d'Artois.

Lauzun se montra jaloux. C'était un des compagnons les plus assidus du prince, commençant comme Henri V d'Angleterre et devant finir comme

Charles IX de France; mais de l'amitié il n'en fallait pas demander à une âme comme celle de ce rival; s'il éclatait et s'il se vengeait, fût-ce avec esprit et ménagement, Lauzun avait fort à craindre d'attirer sur lui quelque lâche outrage ou quelque indigne violence. Toutes ses démarches eurent donc pour objet d'attaquer le cœur de l'inconstante qui le trompait. Pour le coup je crois qu'il oublia d'être courtisan en lui faisant le portrait du comte d'Artois; et à sa grande surprise la belle lady abonda tout-à-fait dans son sens, lui fournit de nouveaux traits, enchérit encore sur les mots de niais et d'imbécile. « Que voulez-vous? disait-elle à Lauzun étonné, il m'importait de connaître quelques secrets d'état. Il ne tiendrait qu'à moi de vous dire que j'ai pris le comte par vanité, j'aime mieux

vous avouer qu'il y avait dans mon amour,
de la diplomatie, mais je vous assure que
vous êtes bien vengé. J'avais préféré le
plus jeune des frères du roi, parce qu'il
est le moins mal bâti de son épaisse famille, mais en revanche il est sur tout ce
que je voulais savoir, d'une nullité complète. Pour toute découverte il m'a appris
qu'on avait des doutes sur la vertu de la
reine et qu'il se croyait sûr de la fidélité
de sa femme. Mon cher Lauzun, je vous
promets un redoublement de tendresse si
vous me débarrassez à présent de votre
ennuyeux prince. »

Rassuré par cette franchise, l'amant
songea sérieusement à mystifier son rival,
c'était tout ce qu'il pouvait faire. Une
lettre de lady Barrimore donna rendez-
vous au comte d'Artois sur la place
Louis XV pour la nuit suivante. C'était

au mois de décembre, il gelait fort, et pour comble de bonheur une pluie fine et de verglas vint à tomber sur le soir. Voyez-vous maintenant le galant prince soufflant dans ses doigts, pestant, jurant sur la place destinée à immortaliser le nom de son aïeul? Si par un remords la cruelle lady était venue le renvoyer chez lui, certes elle eût été traitée plus mal que la comédienne Lange. Heureusement pour elle, elle ne sentit aucun remords, et ce fut le prince qui s'achemina vers sa demeure. Il frappa, frappa, frappa. Une voix d'homme imitant le parler anglais sortit menaçante du boudoir de mylady et avertit l'importun qu'on allait aviser, s'il ne se taisait, aux moyens de le forcer à déguerpir. Charles qui, sûr de sa bonne fortune, avait renvoyé sa voiture, fut obligé de retourner à pied par le froid et la pluie, circonstance qui dut le mettre pour quelque temps en garde contre de semblables aventures.

La liaison du comte d'Artois avec sa belle-sœur n'en continuait pas moins. Ce n'était plus un mystère pour personne : on en parlait hautement à la cour et à la ville ; les chansons et les épigrammes pleuvaient de toutes parts ; et, ainsi qu'il arrive toujours en pareil cas, le pauvre mari, que l'on aurait dû plaindre, était le but direct des plaisanteries les plus sanglantes.

CHAPITRE IV.

Lettre du cardinal de Rohan. — Réminiscence. —
— Couplets officieux. — Le mari vexé. — Jus-
ctifiation d'une femme.

La mère de Marie-Antoinette, l'impératrice d'Autriche, ne tarda pas à être
instruite des excès de sa fille. Cette souveraine avait bien elle-même quelques
petits reproches de ce genre à se faire,
mais au moins sauvait-elle les apparen-
ces ; et ce qui la contrariait le plus dans
la conduite de sa fille, c'était la publicité
dont elle semblait faire parade. Voulant
savoir au juste ce qui en était, elle s'a-
dressa au cardinal Louis de Rohan. Ce

prélat, qui était jaloux du comte d'Artois
et qui ambitionnait les faveurs de la reine
qu'il obtint depuis, dépêcha à Vienne un
courrier chargé de cette réponse :

« Madame,

» Mon respect et mon zèle pour l'illustre maison d'Autriche, la vénération
que vos vertus m'ont inspirée, la franchise que vous avez reconnue en moi,
lorsque le roi me chargea de ses senti-
mens auprès de vous, tout me force à
remplir un ministère douloureux à mon
cœur. Que n'avez-vous chargé quelque
autre de cette affligeante mission !

» Il n'est que trop vrai que notre dauphine, aujourd'hui notre reine, en entrant sur le territoire de France, a totalement oublié les leçons de sagesse que
vous vous étiez plu à faire germer dans
son cœur. Indépendamment de son goût

excessif pour le luxe, elle se livre à tous les excès de la coquetterie. Le bruit court, et il est même aujourd'hui prouvé jusqu'à l'évidence, qu'elle préfère son beau-frère, le comte d'Artois, à son auguste époux.

» Voilà, madame, tout ce que je puis vous apprendre. Puisse votre majesté, par ses sages exhortations, la remettre dans le sentier du devoir ! Puisse mon zèle y coopérer ! C'est la moindre preuve de dévouement que puisse vous donner celui qui ne cessera d'être, madame, de votre majesté, le très-humble et très-respectueux serviteur.

L. DE ROHAN. »

Le but du cardinal ne fut pas rempli. Marie-Thérèse ne fit pas à sa fille les reproches sur lesquels il comptait, et la rupture qu'il avait espérée n'arriva pas tout de suite. Au bout de quelque temps la reine donna à son beau-frère un successeur qui vint suspendre leur intrigue scandaleuse.

Après avoir pris du plaisir chacun de son côté, ils se retrouvèrent et une réconciliation eut lieu. Charles, qui se ruinait au jeu et en paris de courses de chevaux, était obligé d'emprunter de toutes mains pour soutenir le train de sa maison. Le délâbrement de ses finances fit regretter à cet amant délicat les bonnes grâces de Marie-Antoinette qui, seule, aurait pu y remédier. Pour amener un raccommodement, il imagina de faire le jaloux, et il reprocha tendrement à sa belle - sœur les infidélités nombreuses qu'elle lui avait faites. Antoinette avoua tout ; les tendres reproches amenèrent de plus tendres propos, et, le soir même, la réconciliation fut scellée en bonne forme.

Bientôt les épigrammes, les caricatures, les chansons recommencèrent à pleuvoir de plus belle sur la reine et son beau-frère; le roi lui-même ne put long-temps ignorer ce qui se passait, et il arriva qu'un jour de grand couvert, le monarque trouva ces couplets sous sa serviette :

> Notre lubrique reine,
> D'Artois le débauché,
> Tous deux, sans moindre gêne,
> Font le joli péché.....
>   Eh ! mais oui-dà !
> Louis trouverait-il du mal à çà !
>
> Cette belle alliance
> Nous a bien convaincus
> Que le bon roi de France
> Est le roi des cocus,

Eh! mais oui-dà!
Nous ne saurions trouver du mal à ça!

Dans un troisième couplet, on reprochait à madame Polignac d'être l'entremetteuse de la reine et du comte d'Artois; les expressions ordurières de ce couplet, nous empêchent de le rapporter. Le roi, après avoir lu ces gravelures, contint son indignation; mais, après le dîner, il passa dans son cabinet avec Antoinette, et lui fit les plus sanglans reproches sur sa conduite scandaleuse, ses disparitions clandestines et l'indécence qu'elle affichait. Pour toute justification, la reine répondit avec colère : « Vous ne pensez pas, sans doute, que j'aie quitté la cour de Vienne pour être esclave à celle de France! Je veux être libre dans mon palais, et j'espère qu'à l'avenir vous vous

dispenserez de me faire entendre ces reproches ridicules. »

Aussi faible dans son ménage que sur
le trône, le bon Louis XVI ne répliqua
rien, les choses continuèrent du même
train et il ne fut plus question de cela
entre les deux époux.

CHAPITRE V.

Prise de la Bastille. — Fuite à Bruxelles. — Ignoble conduite du comte d'Artois. — Mort de Louis XVI. — Charles, lieutenant-général du royaume. — Son arrivée à Saint-Pétersbourg. — Sa conduite dans cette capitale. — L'épée de Catherine. — LAVAGE. — L'enfant de 35 ans. — Horoscope de Charles X. — Le prince à Quiberon. — Physionomie de la Vendée. — Exigeance aristocratique.

———

Ce n'est pas seulement dans la faiblesse de Louis XVI et dans les fautes de son gouvernement qu'il faut chercher les causes de la révolution qui coûta à cet infortuné monarque la couronne et la vie. Bien certainement la conduite déréglée du comte d'Artois et de sa cour y contribua pour beaucoup, en faisant perdre au peuple le respect et la considération dont les princes veulent être entourés.

Dès que la prise de la Bastille vint présager les événemens graves de la revolution, Charles, aussi lâche que débauché, craignant que ses jours ne fussent compromis, prit le parti de fuir devant le danger. Il se rendit à Bruxelles où se trouvaient déjà beaucoup d'émigrés, dont la réunion était appelée *la petite cour de France*. Fidèle à ses habitudes et à son éducation, il continua de se livrer dans cette ville à la débauche la plus crapuleuse. Sa conduite indigne d'un prince, surtout dans les circonstances où il se trouvait, diminua grande-

ment l'intérêt que les puissances étrangères avaient témoigné d'abord au frère
du roi de France. Dans les différentes
villes où il demeura successivement, il
ne sut inspirer qu'une froide pitié. Ne
trouvant nulle part l'appui qu'il espérait, il fomenta les troubles dans le
Midi, sans compromettre en rien sa personne sacrée, et laissant des serviteurs
abusés combattre, pour sa cause, leurs
concitoyens.

Après la mort de Louis XVI, Charles
fut déclaré par son frère, lieutenant général du royaume de France, et les deux
princes publièrent, du château de Ham,
en Westphalie, une déclaration énonçant
leurs droits à la régence. Le comte d'Artois partit alors pour Pétersbourg, où
Catherine II, qui occupait le trône des
czars, le reçut avec beaucoup d'appareil.

Cette souveraine avait envoyé au devant de lui, jusqu'à Riga, le prince de Repnin qui le conduisit à Pétersbourg dans des voitures de la cour.

L'ambition de la Sémiramis du Nord était flattée de l'idée qu'elle pouvait rétablir sur le trône la dynastie bourbonnienne; aussi fit-elle au comte d'Artois une réception toute royale. Elle lui monta une riche maison, paya ses dépenses, et lui fit allouer une table magnifique. Le prince trouva ce genre de vie si fort à son gré, qu'il ne s'occupa que de bien vivre; aussi ne tarda-t-il pas à laisser voir à la czarine quel pauvre sire il était.

« Les mouvemens intérieurs de la France, dit Vauban, les succès de la Vendée, devaient fixer l'attention et ramener le comte d'Artois au seul rôle qui pût lui être utile. Sans cesse on lui rappelait qu'il devait être ou devenir chef de parti. Ces paroles frappaient son oreille; mais ses moyens les lui expliquaient obscurément et ne pouvaient les lui faire comprendre dans toute leur étendue.

» Enfin on le força comme malgré lui à demander à recevoir des secours et à se mettre en route pour se rapprocher du théâtre *sur lequel on le supposait devoir représenter.* On se doutait déjà à sa gaucherie qu'il n'y serait bon à rien. L'impératrice voulut lui donner des généraux; il avait eu la sottise de lui demander lui-même à s'adjoindre ses compagnons de table et de débauche. Catherine ne put s'empêcher d'en témoigner à quelques-uns son mécontentement. « M. le comte d'Artois, dit-elle, devrait avoir trop de choses essentielles à traiter pour s'occuper de détails particuliers. »

Catherine donna un million pour le rétablissement du trône des Bourbons, elle en promit d'autres, s'engagea à fournir sur-le-champ vingt mille hommes; elle n'en serait pas restée là, car elle avait l'entreprise vraiment à cœur. Elle combla de présens et le comte d'Artois et ceux qui l'accompagnaient; enfin pour dernier don elle lui mit en main une épée sur la lame de laquelle était écrit : *Donné par Dieu, pour le roi.* « Je ne vous la donnerais pas, dit-elle, si je n'étais pas persuadée que vous périrez plutôt que de différer de vous en servir.» Grande leçon de courage à laquelle il répondit, *avec trop peu de physionomie e en homme qui n'en pouvait profiter* : « Je prie votre majesté impériale de n'en pas douter. »

Charles partit, mais il ont bientôt confirmé tous les pressentimens. Il ne fut pas plutôt arrivé au terme de son voyage, que les mêmes personnes qui lui avaient fait tenir jusque-là une conduite honteuse, s'emparèrent de nouveau de son esprit si bien disposé pour elles, et il n'eut comme par le passé d'oreilles ouvertes qu'à la médiocrité, qui seule lui convenait.

Il commence par vendre l'épée qu'il tenait de la munificence de Catherine pour pouvoir contenter toutes ses fantaisies, dans la vie honteuse et oisive qu'il mène à Ham. Aussi, en voyant l'usage qu'il faisait des trésors et des armes de la Russie, ses vieux serviteurs l'abandonnèrent indignés. « C'est ici, dit encore Vauban dans ses mémoires, que je laisse ce vieux et faible enfant de 35 ans.

Le malheureux prince n'a d'oreilles que pour la flatterie et les conseils timides, il finirait par prendre en aversion, en horreur et regarder comme voulant être son assassin celui qui le porterait à tout parti audacieux. Il n'a de courage que celui du moment, et aussi pour supporter avec patience les dégoûts et les mépris dont il est abreuvé ; enfin il a le courage qui fait endurer la misère, qui tôt ou tard sera son lot. Dieu veuille que je me trompe ! »

La conduite de Charles à Quiberon est le comble de la lâcheté ; étrangers, Vendéens, il excite tout et les pousse au danger, en ayant bien soin de se tenir à l'écart.

Enfin, ne pouvant plus temporiser davantage, il se décide à rejoindre l'expédition, mais il était déjà tard, et elle avait souffert des maux qu'il aurait pu prévenir, lorsqu'il y arriva sur le vaisseau *le Jason*, faisant partie de la croisière que le commodore Waren avait ordre d'employer à secourir les royalistes de Bretagne. Au lieu de débarquer sur-le-champ, il s'arrête à l'Ile-Dieu, s'y fait un quartier-général, et s'occupe d'intrigues, de promotions, de destitutions dans des armées à la tête desquelles il ne se place pas.

La Bretagne et la Vendée offraient alors un effectif de forces royalistes montant à plus de quatre-vingt mille hommes armés, et près de quarante mille qui ne demandaient qu'à l'être. Ceux-là se battaient avec des fourches, des bâtons, brûlans de fanatisme et d'un courage digne d'une meilleure cause. Il y avait là certes bien de quoi lutter avec la république, occupée aussi par des guerres extérieures, mais tous ces Vendéens étaient divisés en plusieurs armées dont les généraux s'entendaient mal, étaient jaloux l'un de l'autre, et par conséquent sans accord; disséminés, ils ne pouvaient livrer que des combats partiels trop peu importans pour être décisifs, et dont tout le résultat était du sang versé. Cependant l'approche du comte d'Artois ranima tous les courages. On courut aux armes avec plus d'ardeur que jamais; on s'apprêtait à porter de grands coups, et chaque général oubliant ses rivalités et ses haines, étaient prêt à obéir avec un égal concours, aux ordres du frère du roi qui venait représenter à leur tête cette autorité royale pour laquelle ils combattaient.

Mais ce chef n'arrivait pas. Charette, Stofflet, ne comprenait pas qu'un

Bourbon, qu'un roi, pût manquer totalement de courage; ils ne s'expliquaient
pas l'inaction du prince; ils en murmuraient déjà. Enfin, réunis avec les autres
chefs en conseil général, ils crurent devoir le rappeler à la nécessité impérieuse
de sa position; ils le firent par une lettre
qu'un de leurs lieutenans porta à l'Ile-
Dieu, où MONSIEUR était entouré des compagnons qui partout l'avaient si bien
aidé à souiller sa vie.

« Cette lettre appelait impérieusement
Monsieur au parti que devait lui dicter
son intérêt, et celui de la cause lui disait
que son délai flétrissait sa gloire, qu'il
tenait dans ses mains la couronne, qu'il
pouvait la placer sur la tête de son roi et
de son frère, ou la laisser tomber; qu'a-
près avoir paru sur la côte, s'il ne re-
joignait pas les royalistes, il les plon-

gerait dans la plus grande consternation, et que la perte totale des partis s'ensuivrait ; qu'au contraire, sa présence pouvait et devait tout sauver, et qu'il serait reçu à bras ouverts par des forces immenses. »

A tout cela, que répondit le héros de la famille royale ? Que la lettre était trop énergique, dans un style trop pressant, et peu convenable à sa dignité de frère du roi ; que les Vendéens pouvaient avoir raison, mais qu'ils devaient lui présenter une requête plus respectueuse. A l'aspect du danger, c'était là le langage d'un fils d'Henri IV ! sa réponse à des hommes qui, depuis quatre ans, se faisaient décimer pour lui, et lui sacrifiaient chaque jour leur existence, leur repos ! Oh non ! ce n'était pas le sang d'Henri IV, et la légitimité était décidément entachée de bâtardise. On disait au comte d'Artois, que sa présence à l'Ile-Dieu avait déjà produit le meilleur effet, mais que cela même devait l'engager à venir à la tête des armées; s'il reculait maintenant, chacun en perdant cet espoir perdrait tout courage, et le mépris succéderait peut-être au dévouement. Le pauvre prince aima mieux se laisser mépriser, perdre son rang, ses droits, et laisser aussi massacrer les fidèles soldats qu'il n'osait conduire à la victoire.

On pense bien cependant que les députés vendéens ne manquèrent pas de bonnes raisons pour combattre son inaction; ils allèrent jusqu'à un langage plus énergique encore que celui de la lettre des chefs. Ce fut en vain! « Si malheureusement il quittait la côte, si la fatalité l'empêchait de se mettre à la tête des

royalistes, le découragement et le déses-
poir s'en suivraient ; jamais le moment
n'avait été plus imposant, c'était celui de
peser austèrement les intérêts de la cause
royale, de la monarchie, et par conséquent de son honneur et de sa gloire ;
dans ce moment, l'univers avait les yeux
ouverts sur lui ; cette journée et la réso-
lution prise allaient décider du sort de la
France ; combien il devait craindre que
l'Angleterre, après l'avoir mis une fois à
même de rejoindre les royalistes, ne lui
en donnât peut-être plus les moyens, et
ne se fatiguât des expéditions inutiles ; il
n'y avait pas à hésiter, et il valait cent
fois mieux descendre à la côte avec quelques personnes que de la quitter : le moment était tel, qu'il ne devait que consulter ses *devoirs et son courage,* on lui
répondait de tout. »

Que disait à cela l'homme qui a occupé le trône de Napoléon ? Qu'il demandait jusqu'au lendemain pour préparer sa
décision et se prononcer. Le lendemain il
fuyait à l'aspect du champ de bataille, et
il encourageait par lettres les Vendéens
à continuer de se faire tuer pour leurs
princes, qui *brûlaient de les en récompen-*
ser et de se mettre à leur tête.

Il y a dans ce dénoûment autant d'i-
neptie que lâcheté. Aussi nous croyons-
nous dispensés de nous arrêter aux autres circonstances du séjour à l'Ile-Dieu,
capables de consolider sous ces deux rapports l'excellente réputation de Sa Majesté Charles X. Il avait laissé à l'un des
Vendéens qui étaient venus auprès de lui
des instructions que celui-ci déclare n'a-
voir jamais osé montrer à ses compagnons,
tant elles étaient coupables et deshono-
rantes. Continuons son récit :

« Ce même jour, 18 novembre 1795, jour à jamais fatal, jour où la destruction des armées royalistes devait être pressentie, vit arriver Son Altesse Royale à bord du *Jason*. Les saluts d'artillerie y annoncèrent son arrivée, et apprirent aux côtes catholiques et royales leur malheur. Je n'essaierai jamais d'exprimer la douleur profonde, ce qui se passa en mon âme et ce que j'éprouvai en moi-même au bruit de ces coups de canon. Le voilà donc parti, entouré de cette troupe d'intrigans satisfaite et contente, vouant par cette démarche les républicains à une joie féroce, et les braves royalistes à la douleur de se croire abandonnés, se voyant frustrés de leur plus chère espérance. »

CHAPITRE VI.

Départ du comte d'Artois pour la Suisse. — Il
quitte ce pays pour se rendre à Londres. — Les
filles nues au presbytère. — Charles et la fille
morte. — La famille royale à Hartwel. — Madame de Polastron. — Le cardinal, *ami du prince.*

Les Vendéens, à qui, depuis plusieurs
années, on annonçait un prince de la
maison de Bourbon qui devait venir
se mettre à leur tête, furent totalement
découragés quand ils virent qu'on leur
manquait sans cesse de parole. Ils regar-
dèrent leur cause comme désespérée, et,
dès ce moment, la guerre de la Vendée
ne fut plus qu'un massacre de royalistes.

Le comte d'Artois, préférant une expédition un peu moins dangereuse, quitta

l'Ile-Dieu et se dirigea vers la Suisse où l'armée de Condé s'était jointe aux troupes russes. Mais tout était fini lorsqu'il y arriva, et il n'eut rien de plus pressé que de gagner les rives de l'Angleterre.

Il séjourna quelque temps à Londres, continuant la vie crapuleuse que les événemens l'avaient forcé d'interrompre. Il se fit bientôt dans cette capitale la même réputation qu'à Paris, et les lieux de débauche et de protistution redirent le nom d'un fils de France, de l'héritier d'un trône.

Pami les aventures dégoûtantes dont il fut le héros, nous en prendrons deux au hasard; elles feront connaître tout ce qu'il y avait d'ignoble dans l'âme de cet homme dont toute la vie a été occupée à changer de vice.

Il avait soupé avec un illustre personnage de l'Angleterre; les vins de France n'avaient pas été épargnés, et ils avaient mis Charles en joyeuse humeur. Pour finir dignement la nuit, il propose à son compagnon une visite dans un de ces lieux que l'on ne peut nommer et dont ils était un des habitués les plus assidus. L'offre est acceptée; on se livre là aux excès de la plus sale brutalité; mais ce n'était pas assez pour Charles dont les goûts blâsés avaient besoin d'être réveillés par quelque chose de neuf. Deux femmes sont entièrement déshabillées et recouvertes aussitôt par d'énormes manteaux qui les recouvraient tout à fait; dans cet état elles sont emmenées de force et conduites à la porte d'un presbytère. Le comte d'Artois frappe à enfoncer la porte, le ministre vient ouvrir; aussitôt le prince pousse les deux filles au milieu de la chambre, en ayant bien soin de leur retirer leurs manteaux.....

Une autre fois, dans une maison du même genre, il exigea qu'on l'introduisît auprès d'une fille qui était morte le matin, et là, en présence de témoins, il assouvit sur cette malheureuse sa passion brutale et sacrilége !.....

De pareils excés attirèrent sur Charles une déconsidération telle, qu'il fut obligé de quitter la capitale de l'Angleterre. Louis XVIII était établi avec sa famille au château d'Hartewell, qu'il venait d'acheter. Charles s'y retira, et sut pendant quelque temps y faire oublier sa vie et ses désordres. Il s'y occupait uniquement de madame de Polastron dont il partageait les faveurs avec l'abbé de Latil qui fut depuis cardinal, archevêque de Reims, et auquel la France est en grande partie redevable de tous les maux qu'elle a soufferts pendant les dernières années

du règne de Charles X. Cette femme in-
trigante et adroite s'était tellement em-
parée de l'esprit du prince qu'elle en faisait tout ce qu'elle voulait ; mais comme,
d'un autre côté, elle n'était que la très-
humble servante des volontés de l'abbé
de Latil, elle agissait pour lui auprès de
Charles, et c'est de là que date l'influence
que le trop fameux jésuite exerça toujours
sur l'imbécile d'Artois. Madame de Polastron, avant de mourir, fit jurer à l'héritier du trône que, dans toutes les circonstances de sa vie, dans le malheur
comme dans la bonne fortune, il n'aurait
jamais d'autre guide, d'autre conseiller
que M. de Latil. Charles promit, et ce
même homme qui, sur le trône, se joua
des sermens les plus sacrés, resta fidèle
à celui qu'il avait fait à une femme perdue.

CHAPITRE VII.

Retour des Bourbons en France. — M. Beugnot.
— Un Français de plus en 1814. — Un Français
de moins en 1824. — Déclaration de Saint-Ouen.
— La Charte. — MM. Ferrand, Blacas et Beugnot. — Retour de Napoléon. — L'aigle et les
dindons. — Serment du comte d'Artois. — Sa
fuite. — La croix-d'honneur.

Les Bourbons durent leur rétablissement sur le trône de France bien moins
à l'intérêt qu'ils inspiraient par eux-
mêmes qu'à la lassitude où l'on était du
joug de l'empereur Napoléon. La génération nouvelle ne connaissait par cette famille qui, élevée loin des progrès de
notre civilisation, n'offrait au pays aucune des garanties de liberté qu'il avait
le droit d'exiger après les douze années

du despotisme impérial. Mais le régime militaire de Bonaparte commençait à nous peser autant qu'il inquiétait les puissances alliées, et, pour elles comme pour nous, il fallait un autre gouvernement: toute la question était là. Louis XVIII avait trop de sens et d'esprit pour ne pas comprendre la fausseté de sa position; mais son frère, toujours aussi sot et aussi vain, qui avait fait son éducation politique dans des lieux de prostitution, rapporta en France toute la morgue aristocratique qu'il avait toujours affichée. Il n'a jamais dit un seul des mots d'âme et de sentiment qu'on lui a prêtés; et le fameux : *Il n'y a rien de changé en France, ce n'est qu'un français de plus,* (1) a été rendu à

(1) Quelque temps après que le comte d'Artois fût monté sur le trône, on fit courir le couplet suivant :
Quand Charles X revint en France,

son légitime propriétaire, M. Beugnot, qui n'est vraiment pas assez riche pour prêter aux princes.

Voilà donc Charles à Paris, établi aux Tuileries, comptant sur les impôts et les corvées, préparant pour la chasse ses fusils anglais! Le pauvre homme! pourquoi se mêla-t-il d'autre chose? Le roi son frère, avait senti qu'il était nécessaire de s'appuyer plutôt sur l'espérance d'un avenir que sur le passé et les rois légitimes. Il donna d'abord sa déclaration de Saint Ouen pour la Charte. Louis XVIII avait

Tout renaissait à l'espérance;
Plus d'arbitraire, plus d'abus :
Ce n'était qu'un Français de plus.
Mais quand ce grand diseur de messes
Retire toutes ses promesses,
Vite qu'il reparte au galop :
Ce n'est plus qu'un Français de trop.

8*

pour ce pacte libéral une tendresse de père et le regardait comme son plus beau titre à l'immortalité, il n'y a donc nul doute que son intention et son désir n'aient été de l'achever, de le publier, de le sanctionner aussitôt que les circonstances le lui permettraient. Il devait et voulait peut-être le faire avant de s'asseoir sur le trône, une faction niaise et anti-libérale à la tête de laquelle se mit son frère ne lui permit pas.

Louis XVIII ne pouvait s'appuyer uniquement sur le peuple qui l'avait depuis long-temps oublié, l'armée était toujours secrètement dévouée à son ancien chef, il crut devoir chercher ses conseillers, ses amis, parmi les hommes d'autrefois. Mais ces hommes ne voulaient point de la Charte; on la raillait, on insultait au bon sens du monarque, on le traitait de

jacobin, on lui opposait le fantôme san-
glant de Louis XVI, on lui reprochait
une alliance avec les meurtriers, et l'héritier présomptif du trône était à la tête
de cette opinion, la seule qui se montrât
à la cour. Le roi crut devoir différer et
céda du temps à ses entourages. Il céda
aussi à leur influence en nommant des
ministres tels que M. le comte Ferrand,
M. de Blacas, M. Beugnot et autres. Le
peuple qui avait compté sur une charte
s'inquiéta, le souverain de l'île d'Elbe
entendit ses murmures...... Le 1er mars
Napoléon débarquait sur le territoire
français, et le 21 mars au matin chacun
pouvait voir rue du Coq une caricature
représentant des dindons qui s'échap-
paient par une porte des Tuileries, tandis
que l'aigle impériale y entrait par une
fenêtre.

Charles X pour avoir prêté son appui à des opinions anti-libérales et féodales qu'il partageait d'ailleurs, peut être considéré comme celui qui a le plus contribué à attirer sur sa famille ce nouveau désastre et ce terrible affront. Aussitôt qu'il apprit le débarquement de Napoléon, Louis XVIII vit la faute où il s'était laissé entraîner, et assembla les chambres, il promulgua la Charte, et en jura l'observation. Il avait aussi donné un rôle à son frère dans cette comédie. On connaissait dans le public ses opinions exagérées, honteux et humble au milieu du danger il vint faire amende honorable en présence des députés de la France. Il s'avança comme par un mouvement spontané après le discours de Louis XVIII et quoiqu'il n'eût, dit-il, à prêter à la Charte comme sujet qu'un serment d'obéissance, il demandait au roi la permission d'en jurer, dès à présent, le maintien comme prince et héritier direct du trône.

Ce serment tardif ne le sauva pas et ne put rallier personne à une cause déjà abandonnée d'une grande partie de la nation, que l'on n'avait pas craint de mécontenter et d'effrayer. N'importe, ce premier serment, aussi sacré sans doute que celui qui fut prêté sur l'Evangile, doit être inscrit dans les fastes où l'on cherchera les preuves de la loyauté de Charles X, il est du 16 mars 1815.

Le comte d'Artois avait été envoyé dans le midi avec son fils le duc d'Angoulême, pour arrêter la marche de Bonaparte. Les deux grands hommes qu'on opposait là au vainqueur de l'Europe! L'ex-dauphine fut la seule de la famille qui montra quelqu'énergie, mais sans fruit. Abandonné moqué, Charles se trouva à la merci de l'usurpateur, qui le laissa partir. Il lui fallut s'enfuir sans escorte, accompagné seulement d'un seul gentilhomme. Il était tellement préoccupé, que de crainte il oublia de récompenser ce fidèle serviteur, ce fut Napoléon qui lui donna la croix.

CHAPITRE VIII.

Le comte d'Artois jugé par Louis XVIII. — Son
exclusion des affaires. — Il est nommé commandant-général des Gardes Nationales. — La Famille
Royale chassée de la Chambre des Pairs. — Discours sentimental de Monsieur. — Le duc de
Richelieu. — Intrigues contre M. Decazes. — Le
comte d'Artois destitué. — Pressentimens de
Louis XVIII. — Conférences du Roi avec son frère.

Le comte d'Artois s'était trop fait connaître à la première restauration pour être
mis en avant à la seconde. Louis XVIII
avait apprécié son impopularité et ses ta-
lens ; il donna à son frère une position à
la cour, digne de lui ; il l'entoura d'hommes, lui départit son contingent de la

liste civile ; il tâcha même de lui conci-
lier les vœux de la nation en lui confé-
rant le titre de commandant-général des
Gardes nationales du royaume, mais il
ne l'employa point, et remis à la place
qui lui convenait, Monsieur n'eut aucune
influence politique. Craignant même qu'il
ne fît de nouveau remarquer ses opinions
exagérées, il ôta, à cause de lui, aux
princes de sa famille le droit de prendre
part aux délibérations de la Chambre des
Pairs.

Charles ne s'en était servi qu'une fois
et la justice nous oblige à conserver le
souvenir de cette circonstance toute à son
avantage. L'ex-sénat-conservateur avait
adopté avec faveur la proposition de voter
des remercîmens au duc d'Angoulême, à
cause de la belle conduite qu'il avait tenue dans le midi au commencement des

cent jours. C'était se montrer fidèle aux
principes éternels de la flatterie et de la
complaisance. MONSIEUR eut alors un moment fort agréable, le plus beau de sa
vie. Il monta à la tribune, et sans lire il
dit à peu près : « que le duc d'Angoulême
rait fier de l'honneur que lui faisait la
chambre s'il avait eu à combattre un en-
nemi étranger, mais que prince français
et ayant en tête des Français, il ne pouvait tirer gloire de ses avantages. Il
verrait avec peine que le souvenir de ce
qu'il avait fait, rappelât le souvenir de nos
dissensions civiles. Tout cela fut dit avec
goût, avec zèle et de manière à ne pouvoir
offenser la chambre. On assure que c'était
M. de Richelieu qui avait eu la patience
de faire apprendre au prince, et la générosité de lui céder un discours fort bien
approprié à la circonstance.

Éloigné par son frère du maniement

des affaires et même des secrets des cabinets, MONSIEUR se réfugia dans quelques petites et basses intrigues. Ainsi il essaya de tous les moyens pour perdre M. Decazes qu'il n'aimait point, parce que c'était un homme nouveau et non pas un bon Français de la vieille roche. Il dut à ces tracasseries d'être honteusement destitué de sa charge de commandant-général des Gardes Nationales. Il se plaignit beaucoup à cette occasion, mais LouisXVIII ne prit point du tout part à ses chagrins et lui conseilla sans doute de courre quelques cerfs de plus, ou bien d'entendre deux messes par jour au lieu d'une. Plus que jamais, en effet, ce pauvre prince s'était laissé dominer par les jésuites qui, comme tous ceux qui avaient des intentions anti-constitutionnelles, se ralliaient au panache du comte d'Artois.

Nous ne le suivrons point dans tous

les détails de cette vie que chacun peut apprécier par son dénouement. Louis XVIII ne sentait sa mort approcher qu'avec inquiétude, il gémissait sur le sort de la France et de sa famille. Il eut quelques jours avant le dernier, une longue conférence avec son frère, il voulut lui faire comprendre lui-même la nécessité des institutions nouvelles, adoucir cet esprit de vengeance contre la révolution que la fin tragique du duc de Berry avait encore augmentée, et il exigea que, pour gage de sa conversion, Charles X à son avènement au trône abolît la censure qui existait encore. Charles promit tout, et pourtant l'auteur de la Charte disait en embrassant le duc de Bordeaux : « Pauvre enfant! puisses-tu être heureux, et surtout plus sage que tes parens! » Cette sagesse-là est devenu maintenant superflue pour l'héritier supposé des Bourbons.

CHAPITRE IX.

Mort de Louis XVIII. — Charles X est roi. — Nouveau serment à la Charte. — Sacre de Charles X.
Escobar et les restrictions mentales. — Le jésuite
Latil. — Charles X évêque. — La messe blanche et
les pains à cacheter. — Les chasubles, le carcan
et le cilice. — Résumé politique.

Louis XVIII meurt le 16 septembre
1824; voilà le comte d'Artois au comble
de ses vœux : il est roi; il est maître; il
ne sera plus gêné dans ses projets d'asservissement. Pour mieux en venir à ses fins,
il fait aux députés une réponse convenable et rassurante pour l'avenir; il pro-
met d'employer toute sa puissance à
consolider pour le bonheur du peuple la
Charte que déjà, comme sujet, il avait

juré d'observer. Le serment du sacre
ajoute encore quelque confiance à celle
qu'inspiraient déjà tous les préliminaires.
Eh bien ! le parjure ne pensait rien de ce
qu'il jurait, lorsque la main étendue sur
l'évangile, il donnait dans la cathédrale
de Reims une dixième édition de ses
saintes promesses, Escobar lui soufflait
les restrictions mentales dont il a si bien
profité. Faut-il s'en étonner, quand on
sait que ce fut l'infâme Latil qui, en sa
qualité d'archevêque de Reims, reçut le
serment de Charles. Que l'on se rappelle
l'origine de l'alliance de ces deux hommes!

La promesse faite à madame de Polastron, ne tarda pas à recevoir son exécution; l'ascendant de l'archevêque de
Reims n'eut plus de bornes. Croira-t-on
qu'il alla jusqu'à décider le roi à solliciter

9*

de la cour de Rome, l'autorisation de célébrer lui-même l'office divin. Le pape y consentit, et Charles ordonné évêque par une lettre close du Saint-Père, reçut la permission de dire des *messes blanches,* c'est-à-dire de jouer à la petite chapelle avec des pains à cacheter au lieu d'hosties. Cette passion d'un nouveau genre explique ce que l'on trouva dans une armoire de la chambre du roi lors de la prise des Tuileries. Ce meuble était rempli d'ornemens sacerdotaux, au milieu desquels on découvrit une grande chemise de grosse toile grise, au col de laquelle appendait un collier en fer semblable en tout à celui dont on ceint le cou des criminels, et de plus, un cilice qui servait au prince à macérer sa chair royale. Telles étaient, avec la chasse, les occupations de l'homme qui a occupé le trône de Napoléon !

Depuis ce moment, Charles X alla de bêtise en bêtise : son entêtement à soutenir contre toute la France, le ministère Villèle ; celui qu'il lui donna comme successeur et qui n'en était que la continuation ; le licenciement de la garde nationale, et, enfin, pour couronner l'œuvre, le cabinet du 8 août et les ordonnances de juillet ! En vérité, quand on se rappelle tout cela, on se demande comment, à notre époque, la France a pu supporter aussi long-temps la domination humiliante de cette race pourrie.

L'homme le moins éclairé, sans nulle instruction, l'homme du peuple qui juge de tout par les seules inspirations de sa conscience et du bon sens, ne peut, sans sourire de pitié, soutenir la lecture du fameux rapport qui précède les ordonnances du 25 juillet.   9*

Pour qui l'a vu sans prévention, cet autre vieil enfant, le duc d'Angoulême, était l'idiotisme personnifié. Ce regard terne et fixe, cette allure vague, cette démarche dégingandée, tout annonçait dans ce prince le type du bigotisme et de la stupidité.

Charles X, depuis son retour inespéré en France, avait une cour, un conseil à lui; il était dans un état permanent d'obsession; il ne conservait avec son frère que des rapports de convenance. Tant que vécut Louis XVIII, la contre-révolution, devenue l'idée fixe de la société du pavillon Marsan, n'était qu'une absurde théorie; mais depuis la mort du duc de Berry, elle avait pris une consistance réelle : cet événement fatal avait hâté la décrépitude physique et morale du vieux roi.

Charles X n'eut jamais que le titre de roi ; le gouvernement de fait siégeait au pavillon. Le jésuite Janson était roi de France ; la congrégation se partageait tous les emplois, toutes les charges.

Les trésors et les armées de la France étaient aux ordres de tous les oppresseurs des nations. Les rois de Sardaigne, de Naples, le féroce usurpateur de Lisbonne, consommèrent la ruine et l'asservissement des Piémontais, des Napolitains, des espagnols, et des Portugais. plus de ressources, plus d'asiles pour les défenseurs des peuples. L'Europe va retomber dans la barbarie du moyen âge, si l'on peut étouffer la liberté dans son berceau.

L'œuvre est consommée à tout jamais, si la France subit le joug de l'absolutisme : engagés par le serment de leur

initiation, jésuites, et jésuites dévoués,
nos rois comme le plus humble des frères, feront tout pour servir la conjura-
tion sainte, ils croiront que leur salut
est à ce prix, ils laisseront faire.

Le coup d'état projeté avait pour but
l'abolition de la Charte, pour moyens
d'exécution et pour garantie de succès,
les baïonnettes des régimens de ligne,
de la garde royale, et l'artillerie de Vincennes.

Le saint zèle de Charles X et de son
fils ne restaient pas sans récompense. Le
père changeait contre une calotte de cardinal la couronne royale qu'il cédait à son
bien-aimé fils.

Il fallait un préambule aux ordonnances d'abolition. Le duc d'Angoulême
avait reçu de ses supérieurs religieux un
faiseur plein de zèle et de talent; M. de

Chantelauze venait d'entrer au conseil et de prendre les sceaux des mains du bonhomme Courvoisier, espèce de demi-dévôt qui avait livré à la congrégation ses enfans, mais non pas sa conscience.

Le coup d'état médité dans les conférences du pavillon Marsan n'était plus un mystère. Des pairs de France, d'anciens ministres, de vieux royalistes qui avaient suivi les priuces dans leur exil et combattu dans la Vendée, tentèrent souvent, mais toujours en vain, d'éclairer Charles X ; il ne pouvait plus les comprendre, et ne savait que répondre : *je ne céderai pas*.

Arrive le moment décisif ; la Providence veille encore sur le malheureux vieillard, il paraît frappé par un éclair de raison : les ordonnances sont là et n'attendent que sa signature ; il n'y a

qu'un instant que la voix de son confes-
seur Janson frappait encore ses oreilles :
Plus de Charte ou point de salut. Le duc
d'Angoulême répète avec toute l'exaltation du fanatisme, les paroles si puissantes du révérend.

Charles X est là, immobile, muet....;
se couvrant le visage de ses deux mains.
Au nom du ciel, de la religion, du salut
de son âme, son fils le presse; le vieillard découvre sa figure, sa main saisit la
plume que lui présente humblement le
ministre Chantelauze; les trois signatures sont tombées sur les fatales feuilles,
et sont bientôt suivies de celles de tous
les membres du conseil.

L'heure des vêpres a sonné, et Charles X
se traîne à son prie-dieu, sans songer à
ce qu'il vient de faire; il ne voit qu'un
ciel serein, sans nuage, et la foudre va
briser son trône.

CHAPITRE X.

Faction permanente. Rigueurs salutaires. Cours martiales. — Listes de proscription. — Précautions prises contre le duc d'Orléans. — La cour en belle humeur. — Physionomie de Paris, le jour des ordonnances. — Révolution. — Raguse et le siége — Paris. M. le comte de Girardin et les ducs de Maillé, de Mouchy, de Luxembourg et de Duras. — Stupide aveuglement. — Paris et Saint-Cloud. — MM d'Argout et de Sémonville en députation, — Remords tardifs. — Abdication du roi en faveur du Dauphin.

———

La faction n'a point considéré les signatures royales comme un obstacle ; elle savait bien que Charles X n'avait point de volonté : aussi tout avait été disposé d'avance.

On s'attendait à des murmures, à des

cris, à quelque résistance peut-être :
cette résistance n'effrayait point; on
avait même pris des mesures pour la
provoquer. Il fallait bien un prétexte aux
rigueurs salutaires, au grand exemple de
justice qui devaient être le préambule de
l'événement.

Une cour martiale était organisée;
l'ordonnance qui réglait ses expéditives
attributions et le choix de ceux qui devaient les exécuter, était toute prête, les
listes de proscription étaient toutes faites;
des *précautions* étaient prises contre le
prince chef de l'autre branche de la dynastie.

Dans la soirée du 25, on amusa beaucoup le vieux roi de l'agréable surprise
qu'il avait préparée aux Parisiens pour le
lendemain; la mystification était complète, délicieuse.

Ces gens-là étaient bien aveugles ou nous méprisaient bien, en croyant que nous allions ainsi, sans rien dire, nous laisser ramener tout d'un coup au treizième siècle. Leur erreur ne fut pas de longue durée. Dès l'apparition des ordonnances, Paris fut frappé d'une stupeur générale qui se convertit en indignation chez les uns et en terreur chez les autres. Dès le soir même, des groupes nombreux se formèrent, les réverbères furent brisés, et quelques corps-de-garde détruits.

Le 27, l'effervescence augmenta, et fut portée à son comble vers la fin de la journée. Le peuple chercha des armes ; toutes les boutiques d'armuriers et les fusils de la garde nationale lui en fournirent ; le sang coula dans les rues de Paris.

Ces nouvelles parvenues à Saint-Cloud, le maréchal duc de Raguse, major-général de la garde de service, reçut l'ordre d'aller prendre le commandement de Paris, qui fut déclaré en état de Siége.

Le mercredi 28, M. le comte de Girardin, premier veneur, accouru en toute hâte à Saint-Cloud, peignit au roi la situation de Paris, et il faut ajouter qu'il ne se rebuta pas d'une première démarche. S'adjoignant MM. les ducs de Maillé, de Mouchy, de Luxembourg et de Duras, il renouvela plusieurs fois des instances qui ne furent pas accueillies. Après avoir fait trois ou quatre voyages à Paris dans la journée du jeudi, pour apprécier la gravité des événemens, et transmettre l'exacte vérité, il échoua encore près du roi et du dauphin.

L'aspect de Saint-Cloud offrait le contraste le plus frappant avec Paris ; ici tout le monde était morne, abattu, incapable de donner un bon conseil ; là régnait une activité, une énergie portée jusqu'au fanatisme. Ces salons, qui trois jours auparavant étaient pleins de courtisans et des chefs de l'armée, étaient maintenant silencieux et déserts. On voyait seulement une quinzaine de personnes attachées particulièrement au service du roi et des princes, groupées dans le salon de service, attendant avec anxiété les nouvelles de Paris. Au milieu de cette perturbation générale, quelques-uns, esclaves d'une sotte étiquette, avaient le triste avantage de pouvoir veiller à ce que les règles n'en fussent pas violées : semblables à ces Grecs du Bas-Empire qui s'occupaient de questions théologiques, lorsque le bélier des Turcs abat-

10*

tait les murs de Constantinople. Enfin, il fallait un homme de génie ou de cœur, il ne s'en trouva pas. Au point où en étaient les choses, la monarchie n'en aurait pas été moins anéantie, mais elle pouvait tomber avec quelque gloire....

Des grands appartemens de Saint-Cloud, on voyait flotter le drapeau tricolore sur tous les édifices publics, et la fumée du canon et de la mousqueterie s'élever en nuages au-dessus des maisons de Paris. A ce spectacle se joignaient les sons répétées et lugubres du tocsin; de la générale et des décharges d'artillerie.... C'est dans ces momens que MM. le comte d'Argout, pair de France, et le marquis de Semonville arrivèrent en députation. Ce dernier se jeta aux genoux du roi, lui peignit la situation de la capitale, lui dit que sa couronne chancelait; et le conjura d'en croire un vieillard qui avait peu de jours devant lui... Alors, on proposa M. de Mortemart pour premier ministre; il devait choisir le conseil, dans lequel entreraient MM. Casimir-Perrier et Lafitte : il était trop tard... Le 30, le maréchal Marmont fut obligée d'évacuer les Tuileries, et de se retirer par les Champs-Elysées et le bois de Boulogne, sur Saint-Cloud, où les ministres arrivèrent dans deux calèches, et presque déguisés, sous l'escorte de deux escadrons de lanciers.

Le dauphin monta à cheval vers deux heures, et alla au-devant des troupes qui se retiraient de Paris. Il se porta jusque vers le milieu du bois de Boulogne. Le bruit avait couru que le roi avait abdiqué en sa faveur. Cette mesure aurait peut-être conservé la couronne au dauphin, si elle eût été prise le 28; il n'était plus temps.

CHAPITRE XI.

A son retour de Paris, Raguse fit un ordre du jour qu'il envoya aux troupes. Il leur disait qu'assez de sang français avait coulé ; qu'on était en pourparlers, et qu'une gratification allait être distribuée. Le dauphin, comme généralissime, avait donné un ordre qui disait preque tout le contraire. Le maréchal ne lui avait pas parlé de sa proclamation, en sorte que ce prince, irrité de ce qu'il prenait pour une trahison, reçut fort mal le maréchal. On prétend même qu'il laissa échapper le mot de *traître*, et lui ordonna de rendre son épée. Le maréchal lui répondit avec fierté qu'il ne la rendait jamais, mais qu'on pouvait la prendre. Le dauphin, en la lui arrachant, se blessa légèrement à la main. Il ordonna qu'on arrêtât le maréchal, et qu'il fût gardé à vue. En effet, six gardes-du-corps et un brigadier le menèrent dans sa chambre, tête nue et sans épée, et y restèrent avec lui. Cependant, la réflexion et des éclaircissemens ayant apporté plus de calme et de lumières dans l'esprit du dauphin, il donna l'ordre d'ôter les gardes-du-corps. Le duc de Luxembourg alla reporter au maréchal son épée et son chapeau ; et l'engagea à passer chez le roi, qui le combla de bontés, et lui fit en quelque sorte des excuses de ce qui venait de se passer, en lui disant qu'il lui rendait toute sa confiance.

Il y eut ce jour-là deux alertes au château de Saint-Cloud ; la première, occasionnée par quelques gens armés de Ville d'Avray ; la seconde, par la défection d'un régiment, qui, placé à l'entrée du parc, abandonna son bivouac, se dirigeant sur le pont de Sèvres, après avoir détruit une portion de ses fusils.

Le 31 juillet, le dernier jour de la monarchie était arrivé. Les troupes, fatiguées d'un combat de trois jours, mal nourries, sans argent, et effrayées des résultats d'une guerre civile, se débandèrent de toutes parts. Non seulement on

renonça à toute agression, mais on jugea
même qu'on ne pouvait rester à Saint-
Cloud sans compromettre la sûreté de la
famille royale. Le départ fut résolu, et on
se mit en mouvement à une heure du
matin, après avoir barricadé et dépavé le
pont de Saint-Cloud. On ne peut se faire
une idée du désordre et de la confusion
qui présidèrent à cette fuite. Des bagages
et des chevaux sans nombre, conduits
par des gens frappés de terreur, se pré-
cipitaient à toutes les issues, et arrêtaient
la marche et les mouvemens de ce qui
restait de combattans.

La maison du roi se mit en bataille
dans le parc intérieur, en face du château, et, au point du jour, la famille
royale, montant en voiture, vint se placer entre les escadrons des gardes-du-
corps.

On arriva vers quatre heures à Ville-d'Avray. Déjà on avait enlevé dans ce village les insignes de la monarchie, et le mot *royal*, employé à divers établissemens, avait totalement disparu. A cinq heures, le roi entrait à Versailles, et longeant les boulevards de la reine, se rendit à Trianon.

Le dauphin ayant l'intention de tenir à Saint-Cloud, avait conseillé au roi de ne pas quitter Trianon. Obligé de battre en retraite, par le mouvement des Parisiens, il arriva à Trianon à midi. Tous les avis annonçaient au roi que l'insurrection se propageait, et que tout le pays prenait les armes. On se décida à gagner Rambouillet. Des coups de fusil partis des faubourgs de Versailles, et quelques balles tombées jusque dans les allées de Trianon, hâtèrent ce mouvement. Dès le 29, la population de Versailles s'était soulevée.

En partant de Trianon, on tourna le parc de Versailles, et l'on gagna la route de Rambouillet, où le roi entra à neuf heures du soir; à huit heures, on ignorait encore qu'il dût y arriver.

La maison militaire du roi fut placée au bivouac dans les jardins anglais qui entourent le château; les troupes de la garde et l'artillerie dans le parc et sur les hauteurs qui dominent Rambouillet, jusqu'au village du Perey, qui fut occupé militairement.

Du Perey, Charles se rendit à Rambouillet, où il s'établit comme un homme qui se propose d'y faire un long séjour. Lorsqu'on vint lui annoncer une députation de pairs et de députés envoyés par le nouveau gouvernement, il refusa de la recevoir. On ne tint aucun compte de son entêtement, et le soir, vers sept heures, une estafette apporta des dépêches qui annonçaient les nouvelles de Paris et l'arrivée de trois commissaires, M. le maréchal Maison, M. de Schonen et M. Odillon-Barrot.

Cette députation arriva aux avant-postes à huit heures du soir, demandant si elle serait reçue avec les couleurs qu'elle portait. Sur l'assurance qui lui en fut donnée, elle entra dans Rambouillet.

Introduits chez le roi, ces messieurs lui peignirent la gravité du péril, en lui annonçant qu'environ quinze mille hommes armés, montés dans les fiacres et les voitures de Paris, s'acheminaient vers Rambouillet, pour le forcer à quitter le royaume ; qu'ils avaient peu d'heures devant eux, et qu'il n'y avait pas de temps à perdre. Le roi avait déjà vu que tout espoir était détruit, et qu'il fallait se soumettre. L'ordre du départ fut donné à neuf heures; et dix mille hommes armés, partirent sous la protection de trois hommes sans armes, tant une révolution change étrangement la nature des choses !

L'escorte se mit en marche vers Maintenon, et arriva bientôt à Dreux, où l'exaltation était extrême. Les commissaires furent obligés d'interposer leur autorité pour que le roi pût traverser la ville.

Après avoir passé par Verneüil, Laigle, le Melleraut, Argentan, Condé-sur-Noireau, Vire, Saint-Lô et Valognes, Charles arriva enfin à Cherbourg. Ce voyage que l'ex-roi rendit le plus long possible, toujours dans l'espoir de recruter en route des partisans et d'organiser la guerre civile, n'offrit aucune particularité remarquable. Partout, haine profonde, mépris marqué pour le monarque imbécile et coupable, qui, après avoir versé le sang français pour monter sur le trône, le répandait encore pour en descendre. Partout, les couleurs nationales, les cris de *vive la Charte! vive d'Orléans! vive la liberté!* et au milieu de tout cela la sotte famille regardant la foule d'un air hébété et paraissant, par son impassibilité, tout à fait étrangère aux mouvemens dont elle était témoin.

Enfin, le paquebot *Great-Britain*, reçut Charles, sa famille et sa suite. L'ex-roi descendit le premier, le dauphin donnait la main au duc de Bordeaux; Madame de Gontaut conduisait MADEMOISELLE; La duchesse de Berri, donnait le bras à M. de Charette, et la dauphine à M. de Larochejaquelein. Le préfet mari-

time présenta au roi le capitaine Dumont-
Durville, qui commandait le bâtiment.
Celui-ci dit à Charles qu'il le conduirait
partout où il le désirerait; ce dernier dit
qu'il voulait aller d'abord à Spithead,
dans l'île de Whigt, en face de Ports-
mouth. Après avoir fait les derniers
adieux à quelques officiers qui étaient
descendus dans le vaisseau, la famille
royale entra dans la chambre qui lui
était destinée. Il y avait à bord du *Great-
Britain*, toute la famille royale, le duc
de Luxembourg, capitaine des gardes de
service, Raguse, les gouverneur, sous-
gouverneur, et sous-précepteur du duc
de Bordeaux, la duchesse de Gontaut, et
le service particulier de la famille dans le
Charles-Caroll, qui portait une partie
des approvisionnemens, le duc Armand
de Polignac, MM. O'Heguerty père et

11*

fils, madame Bouillé et son fils, un sous-gouverneur du duc de Bordeaux, MM. de Choiseul, de Charrette et de Larochejaquelein.

Quand les gardes-du-corps, qui accompagnèrent leur maître jusqu'à son embarquement revinrent à Valognes, on remit à chacun d'eux, de la part du roi, l'ordre suivant. Il prouve que le vieux monarque ne regarde pas encore la cause de sa maison comme perdue, et que le duc de Bordeaux pourra venger un jour ce qu'il appelait son injure et récompenser ceux qui l'ont servi.

ORDRE DU JOUR.

« Le roi, en quittant le sol français, » voudrait pouvoir donner à chacun de

» ses gardes-du-corps et à chacun de
» MM. les officiers, sous-officiers et sol-
» dats qui l'ont accompagné jusqu'à
» son vaisseau, une preuve de son atta-
» chement et de son souvenir; mais les
» circonstances qui affligent le roi ne lui
» laissent pas la possibilité d'écouter le
» vœu de son cœur. Privée des moyens
» de reconnaître une fidélité si touchante,
» Sa majesté s'est fait remettre les con-
» trôles des compagnies de ses gardes-du-
» corps, de même que l'état de MM. les
» officiers-généraux, supérieurs et au-
» tres, ainsi que des sous-officiers et sol-
» dats qui l'ont suivie : leurs noms,
» *conservés par M. le duc de Bordeaux,*
» demeureront inscrits dans les archives
» de la famille royale, pour attester à
» jamais et les malheurs du roi, et les

« consolations qu'il a trouvées dans un
« dévouement si désintéressé. »

CHARLES.

Le major-général,

maréchal duc de RAGUSE. (1)

On peut passer à ce ridicule souverain ce dernier espoir qui, après tout, est la conséquence des actions niaises de toute sa vie. Mais la France, après avoir si

(1) La plupart des détails qui précèdent sont empruntés à la relation du voyage du Roi, publiée par un garde-du-corps. Ces militaires braves, fidèles et dévoués, ne méritèrent que des éloges pour la conduite qu'ils ont tenue dans les graves circonstances qui viennent de se passer. Ils ont compris la véritable mission du soldat français : après avoir refusé de tirer sur leurs concitoyens, ils ont suivi jusqu'au dernier moment la malheureuse famille à laquelle ils avaient voué leur existence. En revenant à Paris, ils ont encore fait preuve de courage et de générosité en contribuant à l'extinction d'un violent incendie

vaillamment combattu pour son indépendance, ne replacera jamais sur le
trône qu'elle a conquis, un enfant élevé
dans le jésuitisme, et la haîne des Français. D'ailleurs, la cause du duc de Bordeaux, qui eût pu conserver quelques
partisans, est à tout jamais perdue,
maintenant que l'on sait qu'il n'est pas
le fils du duc de Berry et de Caroline,
mais bien un enfant substitué, un vrai
bâtard. Rien ne le prouve mieux que la
protestation du duc d'Orléans, publiée
à Londres, lors de la naissance de cet
enfant. Elle est assez remarquable pour
que nous la rapportions ici.

qui venait d'éclater à Saint-Lô, et ouvrent entre eux
une souscription pour les victimes de ce desastre.
L'armée ne pouvait voir qu'avec plaisir rentrer dans
ses rangs des officiers qui offrent toutes les garanties
de bravoure, de civisme et de fidélité.

« S. A. R. déclare par les présentes
» qu'il proteste formellement contre le
» procès-verbal, daté du 29 septembre
» dernier, lequel acte prétend établir
» que l'enfant nommé Henri-Charles-
» Ferdinand-Dieudonné est le fils légi-
» time de S. A. R. Madame, duchesse
» de Berry.

« Le duc d'Orléans produira en tems
» et lieu les témoins qui peuvent faire
» connaître l'origine de l'enfant et sa
» mère. Il produira toutes les preuves
» nécessaires pour rendre manifeste que
» la duchesse de Berry n'a jamais été en-
» ceinte depuis la mort infortunée de son
» époux; et il signalera les auteurs de la
» machination dont cette très faible prin-
» cesse a été l'instrument.

« En attendant qu'il arrive un mo-
» ment favorable pour dévoiler cette in-

» trigue, le duc d'Orléans ne peut s'em-
» pêcher d'appeler toute l'attention sur
» la scène fantastique qui, d'après le
» susdit procès-verbal, a été jouée au
» pavillon de Marsan.

» Le *Journal de Paris*, que tout le
» monde sait être un journal confiden-
» tiel, annonça le 20 août dernier, le
» prochain accouchement dans les termes
» suivans :

» Des personnes qui ont l'honneur
» d'approcher la princesse nous assurent
» que l'accouchement de S. A. R. n'aura
» lieu que du 20 au 28 septembre.

» Lorsque le 28 septembre arriva que
» se passa-t-il dans les appartemens de
» la duchesse?

» Dans la nuit du 28 au 29, à deux
» heures du matin, toute la maison était
» couchée et les lumières éteintes. A

» deux heures et demie la princesse ap-
» pela; mais la dame de Vathaire, sa
» première femme de chambre, était en-
» dormie; la dame Lemoine, sa garde,
» était absente, et le sieur Deneux, l'ac-
» coucheur, était déshabillé.

» Alors la scène changea. La dame
» Bourgeois alluma une chandelle, et
» toutes les personnes qui arrivèrent
» dans la chambre de la dnchesse, virent
» un enfant qui n'était pas encore détaché
» du sein de la mère.

» Mais comment cet enfant était-il
» placé?

» Le médecin Baron déclare qu'il vit
» l'enfant placé sur sa mère et non encore
» détaché d'elle.

» Le chirurgien Bougon déclare que
» l'enfant était placé sur sa mère, et en-
» core attaché par le cordon ombilical.

» Ces deux praticiens savent combien
» il est important de ne pas expliquer
» plus particulièrement comment l'en-
» fant était placé sur sa mère.

» Madame la duchesse de Reggio a fait
» la déclaration suivante :

» Je fus informée sur-le-champ, que
» S. A. R. ressentait les douleurs de
» l'enfantement. J'accourus auprès d'elle
» à l'instant même, et en entrant dans
» la chambre, je vis l'enfant sur le lit,
» et non encore détaché de sa mère.

» Ainsi, l'enfant était sur le lit, la du-
» chesse dans le lit, et le cordon ombilical
» introduit sous la couverture.

» Remarquez ce qu'observa le sieur
» Deneux, accoucheur, qui, à 2 heures
» et demie, fut averti que la duchesse
» ressentait les douleurs de l'enfantement,
» qui accourut sur-le-champ auprès d'elle

» sans prendre le temps de s'habiller en-
» tièrement, qui la trouva dans son lit
» et entendit l'enfant crier.

» Remarquez ce que vit madame de
» Goulard qui, à deux heures et demie
» fut informée que la duchesse ressentait
» les douleurs de l'enfantement, qui vint
» sur-le-champ, et entendit les premiers
» cris de l'enfant.

» Remarquez ce que vit le sieur Fran-
» que, garde-du-corps de Monsieur, qui
» était en faction à la porte de S. A. R.,
» et qui fut la première personne infor-
» mée de l'événement par une dame qui
» le pria d'entrer.

» Remarquez ce que vit le sieur Lainé,
» garde national, qui était en faction à la
» porte du pavillon de Marsan, qui fut
» invité par une dame à monter, monta,
» fut introduit dans la chambre de la

» princesse, où il n'y avait que le sieur
» Deneux et une autre personne de la
» maison, et qui au moment où il entra
» observa que la pendule marquait deux
» heures trente-cinq minutes.

» Remarquez ce que vit le médecin
» Baron, qui arriva à deux heures trente-
» cinq minutes, et le chirurgien Bougon,
» qui arriva quelques instans après le
» sieur Baron.

» Remarquez ce que vit le maréchal
» Suchet, qui était logé par ordre du roi
» au pavillon de Flore, et qui, au pre-
» mier avis que S. A. R. ressentait les
» douleurs de l'enfantement, se rendit
» en toute hâte à son appartement, mais
» n'arriva qu'à deux heures quarante-cinq
» minutes, et qui fut appelé pour assis-
» ter à la section du cordon ombilical
» quelques minutes après.

» Remarquez ce qui doit avoir été vu
» par le maréchal de Coigny, qui était
» logé au Tuileries par ordre du roi, qui
» fut appelé lorsque S. A. R. était déli-
» vrée, qui se rendit en hâte à son ap-
» partement, mais qui n'arriva qu'un
» moment après que la section du cordon
» avait eu lieu.

» Remarquez enfin ce qui fut vu par
» toutes les personnes qui furent intro-
» duites après deux heures et demie jus-
» qu'au moment de la section du cordon
» ombilical, qui eut lieu quelques minutes
» après deux heures trois quarts.

» Mais où étaient donc les parens de
» la princesse pendant cette scène qui
» dura au moins vingt minutes? Pour-
» quoi, durant un si long espace de temps,
» affectèrent-ils de l'abandonner aux
» mains de personnes étrangères, de sen-

» tinelles et de militaires de tous les
» rangs ? Cet abandon affecté n'est-il pas
» précisément la preuve la plus complète
» d'une faute grossière et manifeste ?
» N'est-il pas évident, qu'après avoir
» arrangé la pièce, ils se retirèrent à
» deux heures et demie, et que, placés
» dans un appartement voisin, ils atten-
» dirent le moment d'entrer en scène et
» de jouer les rôles qu'il s'étaient assi-
» gnés.

» Et, en effet, vit-on jamais, lors-
» qu'une femme, de quelque classe que
» ce soit, était sur le point d'accoucher,
» que, pendant la nuit, les lumières
» fussent éteintes ; que les femmes, pla-
» cées auprès auprès d'elles, fussent
» endormies ; que celle qui était plus
» spécialement chargée de la soigner,
» s'éloignât ; que son accoucheur fût

» déshabillé, et que sa famille, habitant
» sous le même toît, demeurât plus de
» vingt minutes sans donner signe de
» vie.

» S. A. R. le duc d'Orléans est con-
» vaincu que la nation française et tous
» les souverains de l'Europe sentiront
» toutes les conséquences dangereuses
» d'une fraude si audacieuse et si con-
» traire aux principes de la monarchie
» héréditaire et légitime.

» Déjà la France et l'Europe ont été
» victimes de l'usurpation de Bonaparte.
» Certainement, une nouvelle usurpa-
» tion, de la part d'un prétendu Henri V,
» amènerait les mêmes malheurs sur
» la France et sur l'Europe.

» Fait à Paris, le 30 septembre 1820.»

FIN.

TABLE

DES

Sommaires.

CHAPITRE Ier.

1830 et 1572. — Les Bourbons et les Valois. — Naissance et éducation de Charles X. — Le prêtre Cœtlosquet. — Portrait du comte d'Artois par un homme de la cour. — Premières amours de Charles X. — Marie-Antoinette. — Lettre de Marie-Thérèse. Conseils lubriques. — La grosse Flore. Vengeance amoureuse. — Le comte de Lauzun et le prince de Conti. — Expédition nocturne de

CHAPITRE II.

CHAPITRE III.

CHAPITRE IV.

CHAPITRE V.

CHAPITRE IX.

CHAPITRE X.

CHAPITRE XI.

FIN DE LA TABLE.